# 社会保障のルネッサンス

## ——医療と介護の民主的な包括的社会化を——

相 澤 與 一 著

創 風 社

# 目　次

# 序 章　社会保障の問題状況と本書の主旨

私は，2010年に『医療費窓口負担と後期高齢者医療制度の全廃を――医療保障のルネッサンス』（創風社）を上梓した。この本は，私自身が2008年4月1日から施行された「後期高齢者医療制度」の被保険者とされる事態に直面して，この制度の導入を中心に強行される高齢者医療保障の改悪攻撃を告発するために，当面の要求を標題にして執筆したものであった。

その時はまだ教職にあった私は，私学共済から追い出され，保険料は最高限度額の50万円に引き上げられ，私学共済の扶養家族であった妻は別途に国民健康保険に加入させられ，その保険料も世帯主の筆者が負わされることになった。そのときに「後期高齢者」の夫から新制度による最高額の保険料のほかに妻への新規「国保」の保険料まではぎとるという奇怪さに，怒りつつあきれた。そのとき実感をこめて「日本の国家は禿鷹になった」と書いた。まさにこのとき社会保険が国家による収奪機構にもなるということに改めて「開眼」した。資本制国家の本質にも関わる社会保険の防貧と収奪の二面性のうち，後者が突出して禿鷹になったのである。

そこでの政策批判と改革要求の一要点は，かつては医療費を「無料化」されていた70歳以上の高齢者の中から平均的には医療リスクが最大で経済的に最も貧しい75歳以上の人びとを「後期高齢者」と名付けて他から恣意的に分断し，新たに保険料負担と利用者負担を課して受診を自粛させることの不当性を糾弾し，それをやめさせることであった。当然，この制度の導入は，猛烈な社会的反発を招いて政権交代の一契機にもなったのである。

この改革は，社会保障及び社会保険制度を分断し差別して国民を分断・差別することによって管理し支配する日本型の社会保険と社会保障の悪弊をも強めた。このことは，後記の介護保険制度についてもいえることである。このたぐいの悪弊を批判し，社会保険の民主的な包括的社会化を提唱することも，本書の主旨の１つである。

もちろん，前掲拙著での要求は，決して孤立した要求ではなかった。2008年6月6日には野党4党が共同で廃止法案（「後期高齢者医療制度の廃止等及び医療に係る高齢者の負担の軽減等のために緊急に講ずべき措置に関する法律案」）を提出したほどである。それにも拘わらず，保険料はいまや3割負担へと引き上げられてきている。リスクが最大の集団を切り離して被保険者にしたので必然的に保険財政が増悪し，増大する保険の赤字を被保険者の負担に帰す政策なのであるから，当然こうなるわけである。私の年金も引き下げられているのに，最近，私の医療費窓口負担が1割負担から一挙に3割負担に引き上げられた。これでは「医者にかかれない」人も増えるわけである。これも医療制度「構造改革」の一結果である。

この「構造改革」の先鞭を付けたのは，介護保険制度である。周知のように，介護保険制度は，少子高齢化に対応する「社会保障構造改革の第一歩」と称し，1997年に法律が制定されて2000年から実施された。「ネオ（＝反動的新版の）自由主義」による「構造改革」の突破口であり，これもまた凶悪な禿鷹保険である。私の実体験をはなそう。

私は，2019年の1月26日の誕生日に86歳になった老人である。2015年9月1日の未明に，誰にも看取られることなく80歳の老妻が急性心不全のために急逝したあと，しばらく急激に衰え，周囲をいたく心配させ，介護保険の認定を受けさせられて要介護1とされ，介護サービスを受け始めた。しかし，このまま朽ちたくはなく，妻の3回忌をすませたころから再生の気力と体力をかなりよみがえらせた。すると，介護認定は要支援2に格下げされ，担当は地域包括支援センターに移り，再契約の運びとなってみて，費用の高さに改めて愕然とした。私の介護保険料は最高限度額なのに，週1回半日の通所リハビリの料金が，昼食代を除いて月額15,800円と提示されたのである。行っても行かなくとも取られる定額である。介護保険制度は，まさしく禿鷹保険として高齢者の貧困化を強める制度なのである。もっとも私の場合には，通所デイケアの利用と再生の気力の復活過程が軌を一にしていた。

もちろん，この介護保険制度によって，介護地獄が蔓延し介護サービスが圧倒的に不足していた中で，介護事業に民間資金と労働力を誘導し動員できたことは認めなければならないし，献身的に働く介護労働者が増えたことも率直に認める。しかし，介護報酬の引き下げにともなう経営難と低賃金労働者の増大による離職の増大と人材不足の蔓延が続いている[1)]。

この制度は，もともと選別的な「社会福祉」として無料での行政措置として給付されていた介護サービスを低所得者にとっては高価な（高所得者にとっては安い）サービス商品として営利企業を含む事業者から販売させ，その費用の相当部分を大方は貧しい高齢者が圧倒的に多い被保険者から保険料と利用者負担として徴収して業者に支払うことによってサービスの利用を支援するもので，新たな国家的収奪を仕組むものであった。実際，その後に保険料が持続的に引き上げられ，利用者負担も漸次引き上げられて，今や1割，2割及び3割負担の3階層の定額負担とされ，その逆進的な負担の重さが怨嗟の的になって，各地で逆進的な介護保険料の引き上げに反対する行政不服審査請求が広がり始めている。

なお，私は，介護保険制度導入の可否をめぐる論議渦中の1996年に，拙著『社会保障の保険主義化と「公的介護保険」』を「あけび書房」から上梓した。その主旨は，ネオ自由主義的な社会保障「構造改革」としての「社会福祉」の私保険化に対する批判であった。その私保険性は，給付を費用の部分補償に留め，応益利用者負担を課してそれを払わないとサービスを買えなくしている点と，収支相当の原則によって保険料と利用料を引き上げていることであり，保険での収入不足分を不充分にしか国庫負担の増額で補償しない点にある。だから事業者への低報酬と労働者への低賃金化が必至となった。これも自民党政権の「高コスト」体質をなくそうとする「構造改革」政策の結果なのである。

本間照光[2)]や高木和美（以下，一部を除き敬称省略）などが指摘していたように，介護保険制度は，看護などの医療保健サービスと密接不可分の介護サービスを「シルバー・サービス」として政策的に分離して営利民営産業化を図り，保険会社に同類の保険を創って保険業界の事業拡張を支援するものであると事前に断って国際的にも異例の私保険的な介護保険制度を導入した。もっとも「保健医療サービス」との密接・不可分性について，介護保険法は，第1条に於いて，「必要な保健医療サービス及び福祉サービスに係る給付を行う」と規定しているが，医療関連はほとんどが認定業務だけである。

この制度は，社会保障の民営化，私保険化と営利ビジネス化をはかり，保険料を拠出しても利用料を払わないと公的サービスを「買えない」ことにする社会保険の本旨に悖る画期的な構造改悪であった。ちなみに，社会保険の祖国ドイツの介護保険制度には応益利用者負担制度がないことに注目すべきである。

介護保険制度は，こうして私保険的な収奪を強権的に強めてとくに高齢者の貧困化を強めるという悪循環を強めてきている。また，このようにこの制度の導入は，日本社会保険の分断・差別性を拡張しながら，別建ての保険料及び応益利用者負担を設定してそれに国庫負担を転嫁するという収奪をも加えることで，格差と貧困を強めているのである。

介護保険制度はまた，障害者福祉法制をも応益利用者負担付の「障害者自立支援法」から「障害者総合支援法」へと，より条件の悪い介護保険制度に統合する方向にけん引して来ている[3)]。長年，精神障害者福祉活動に従事してきた私は，拙著『障害者とその家族が自立するとき——「障害者自立支援法」批判——』（創風社，2007年）を上梓して，新規に応益利用者負担などを課す自立支援法の制定に反対する運動に参加した。

なお，原発生業補償裁判や年金裁判に関わってみて痛感するのは，国による生存権の侵害に抗議してその保障の実現を追求するには，不服再審査請求か裁判に訴えるしかなく，社会保障行政の手続きの中に我々当事者が参加して発言できる場がほかに設けられていない。これは大問題である。障害者運動が主唱した「当事者抜きに当事者の問題を決めるな」という至極当然の要求は，社会保障運動全体の要求とされるべきである。

そのうえ政府は，介護保険の導入をもっとも逆進的な消費税導入の口実としながら，消費税収入のごく一部しか介護保障に充当せずに法人税の減税分の穴埋めなどに当ててきた。これは，国家的な詐欺である。もし社会保障の改善のために間接税の収入を使うのであれば，その税収入を全額社会保障に充当することを義務付ける「社会保障連帯税」のようなものに変え，子育てと就学の費用をもフルに保障する文字通り普遍的な「全世代型」生活保障を整備し，安心して結婚し，子どもを産み育て，老いられるようにして，少子高齢化に歯止めをかけ，将来の税収を増やすべきである。

他方の狭義の社会保障ともいえる所得保障においても，生活保護基準も公的年金も引き下げが続いている。

生活保護制度は，最後の「セーフテイネット」，「いのちの砦」と言われる制度である。私たちの「福島・伊達精神障害福祉会」への参加者にも生活保護の受給者は多い。安倍政権は，自らの悪政によって強めている貧困と格差の拡大による保護基準未満の貧困・低所得層のとくに深刻な貧困化に合わせて保護基準を引き下げるという蟻地獄的な方法で，すでに2013年から3回に分けて，保護基準を平均6.5％，最大10％，総額670億円（国費ベース）の引き下げを強行し，保護世帯の96％の保護を切り下げた。これに対し「前代未聞の攻撃には前代未聞の反撃」が取り組まれ，1万人余による「不服審査請求」が提起され，また1000人余の原告による「いのちのとりで裁判」が提訴され，進行中である。このような生活保護基準の引き下げは憲法違反であるとして生活保護裁判がたたかわれているのに，2018年10月からまたもや生活保護基準の切下げが強行された。それは，本年度から3年かけて保護基準を平均1.8％，最大5％，国費160億円分減額し，保護世帯の67％の保護費を引き下げるものである[4)]。

これは，5兆円を超えて毎年保護費の減額分とは桁違いの軍事費を急増させながらの庶民虐待である。来年度予算案のなかには，イージス・アショワ2基分の当初経費だけで1991億円もの爆買いなどが計上されている。これは，自衛隊の戦争する軍隊化を焦る安倍晋三が，「北朝鮮」を巡る国際緊張が緩和されてゆく過程で，もっぱら緊張の維持に努めながら，トランプに迎合して高額兵器の爆買いを約束した結果である。

この生活保護基準の引き下げは，47もの項目の社会保障条件を引き下げ，労働及び生活条件を引き下げる大きな原因になっている。それが最低賃金の低さにも影響している。

なお，OECD社会支出データーベース（2007）によれば，社会扶助費のGDPに占める割合は，OECD平均の2.0％に対し，日本はたったの0.6％という低福祉である。

公的年金保険においても，保険料の引き上げと年金給付額の引き下げが続いている。たとえば厚生年金の男女平均受給額は，2006年の165,221円から2015年の147,872円へと引き下げられている。

この年金引下げには，２つの手法が用いられた。１つは，2004年の「国民年金法等の改正」による「マクロ経済スライド」の導入である。それは，厚生年金（と公務員共済年金）と国民年金の保険料を引き上げて，それらの財源の範囲内で，少子高齢化率にスライドさせて年金を切り下げる手法であるから，現状ではとめどなく年金を切り下げることになる。

もう１つは，2012年の特例水準の解消を名目として，すでに裁定された年金を物価下落スライドしなかった分を解消するという名目で計画的に年金を切り下げるものである。これは，基礎年金だけの低年金も障害年金もカットしたので，低年金受給者の生存権を侵害し，一般的にも法的に決定され支給された年金を切り下げるものであったので，大きな怒りを招き，全国一斉大挙して違憲・不当性を糾弾する「年金裁判」をひきおこし，係争中なのである。

また年金生活者の過半がそれだけしか受給していない基礎年金＝国民年金の受給者平均年金月額は，2014年度末で54,779円であった。これでは生活保護基準をさえ下回り，最低生活保障年金にはほど遠い。基礎年金をせめて生活保護基準にまで引き上げなければ，生存権保障義務規定違反であると言わざるを得ない。これでは当然，老後への不安が深刻で，少子化も累進するわけである。この低年金も切下げられたのであるから，怒りは広がり，大規模な年金裁判が全国一斉にたたかわれているのである[5]。

イギリスにおける社会保険中心のベヴァリッジ・モデルによる「生存費」保障の失敗経験[6]に照らしても，最低生活保障年金を被保険者の保険料拠出，つまり「保険主義」で実現できるはずがなく，大方を「社会的扶養」，つまり累進的な租税負担でまかなうべきである。

このように社会保障の改革課題は多く，喫緊である。そこで本書では，医療及び介護保障問題を中心に社会保障の若干の改革課題について，社会保障，社会保険，社会福祉の原理・原則にまでさかのぼりながら読者と共に考えてみたい。その際の観点は，社会保障の分断・格差・差別を排して包括的な組織的統一と管理運営の民主化を図り，応益利用者負担の廃止を目指して引き下げ，保険料を軽減し，給付の必要充分保障を普遍的に実現することによって，格差と貧困の拡大と少子高齢化に歯止めをかけ，将来の社会保障財政をも好転させることである。

いまや国民大衆の生活も現行の社会保障制度も充分にゆきづまっており，基本的な考え方＝パラダイムと政策体系の抜本的な変革をも検討して，社会保障を発展させなければならないのではなかろうか。

しかし，現行制度によって圧倒的に支配されている我々にとって社会の考え方までただちに変革することは無理であろうから，目前の改革課題を確認し，それでも解決困難な課題をも予想し，より大きな変革課題をその先の課題とするのが適切であろう。つまり改革と変革の探求である。本書は，このように社会保障関係の概念と原理・原則にもさかのぼりつつ，当面する改革と変革の課題をたずね，社会保障運動の役割にも迫ろうとするものである。

## 注

1）伊藤周平著『介護保険法と権利保障』(法律文化社，2008 年）第５章３参照。

2）本間照光「保険制度からみた『公的介護保険』創設の問題点」(『賃金と介護保険』No.1154，1155）参照。

3）伊藤周平「障害者総合支援法・介護保険法の改正と社会福祉法制」（『賃金と社会保障』1684参照。

4）生活保護問題対策全国会議『「生活保護法」から「生活保障法」へ』明石書店，2018年。

5）これらの社会保障裁判については，『社会保障レボリュウション――いのちの砦・社会保障裁判』（高菅出版，2017年）参照。

6）拙著『社会保障の保険主義化と「公的介護保険」』（あけび書房，1996年）98～104ページ参照。

# 第1章　従来の「自立・自助」補足的な社会保障とその概念の意義と限界

## 第1節　社会保障の自助前提的な考え方の歴史的な意義と限界

社会保障は,国民の最大の関心事である。ところが社会保障とは何か,それはどうあるべきか，などと問われると，そう簡単には答えにくい。そこで，まずこれまでの資本制社会における社会保障の考え方とやり方の意義と限界について考えてみよう。

我々は，高度に爛熟した資本主義であるグローバル化した国家独占資本主義の社会に生きている。資本主義経済は，K. マルクスが『資本論』で解明したように，資本の本源的蓄積過程を通じて形成された資本家階級がその存立条件として同時に形成される労働者階級[1]を雇用して資本蓄積を進め，その経済成長とともに労働者たちをも増大させてきた。

したがって資本主義社会における住民の多数派を占める労働者とその家族の基本的な生活確保は，まず雇用と賃金が「必要充分」に確保されることによって可能とされる。ところがこの賃労働による生活の確保は，資本による営利の為に強いられる低賃金と，景気や生産技術などの変動と産業及び企業の盛衰による失業及び半失業と賃金の変動にさらされるので，貧しく，不安定で，困難に満ちている。そもそも原理的にも自前では生産手段も生活手段ももてない賃労働者は，生産と生活の「自立・自助」＝独立・独歩が不可能なのであり，マルクスのいう「潜在的な受給貧民」であり,「生活保護」の受給者となる不断の危険にさらされている。また，実際にも，労働者大衆は，長期の失業や現役引退後や罹病などによって稼働不能になると,「生活保護」などの公的扶助が必要になる。したがっていざというときの「生活保護」＝公的扶助の必要は,「普遍的」(universal) であって例外的＝「残余的」(rediduary)[2]ではない。だから,スティグマの強い「生活保護法」から「生活保障法」

へと名称を改めることも提唱されている[3]。しかし,「自立・自助」を当たり前として体制的に強制され刷り込まれてきた世間の「常識」とそれを前提とし支える現行の社会保障制度は，この現実を受け入れずに,「生活保護」をバッシングし続けている。

とにかく労働者及びその他の勤労者と資本制社会の再生産にとって,公的な最低所得と「社会サービス」[3]」の保障は必須なのであるが，この社会保障の制度化の試みは，第２次大戦後に民主化の波にのってようやく広がった。それでもおおむね資本制社会に本来的な「自立・自助」の生活原則の補足にとどめるという足かせのもとに於いてであったから，とうぜん不十分であった。これも資本主義の限界なのであろう。

日本において社会保障が公用語になったのは，やはり戦後日本の民主化を代表する日本国憲法の第25条においてである。それは,「① すべて国民は,健康で文化的な最低限度の生活を営む権利を有する。② 国は,すべての生活部面について，社会福祉，社会保障及び公衆衛生の向上及び増進に努めなければならない」と謳った。

この第１項は，日本史上はじめて生存権の保障を宣言したものとして画期的である。第２項は，そのための国家の政策的努力義務を規定したのであるが，そこでなぜ「社会福祉，社会保障及び公衆衛生」の順に記されたのかははっきりしない。おそらく憲法制定当時は飢餓的な貧困が蔓延していて，膨大な要保護貧民の救済を優先させる必要があったからであろう。

日本国憲法は，1946年11月３日の官報で公布され，翌1947年５月３日から施行された。憲法の準備過程は飢餓の時代であったので，日本政府は1946年２月27日付のGHQ覚書（SCAPIN 775）などによる占領軍の督促を受けながら，その覚書より大分後ろ向きの（旧）生活保護法を制定させ，1946年10月１日から施行した[4]。

そのうえ，まだ「社会保障」や「社会福祉」の概念さえ曖昧だった。歴史的な文脈から見れば，憲法に記された「社会福祉」の主な意味は，飢餓的な貧困の救済であった。ちなみにコウビルド英英辞典には，social welfareはなく，social workのみがある。後者の意味は，深刻な家族問題や経済問題を抱えた人々に援助や助言を与えることとされている。「社会福祉」という用語は，「福祉国家」と同様に，英語由来であると思われたが，今ではあまり使われていないようなのである。

とにかく，この憲法規定の具体化を託されて社会保障制度審議会が1950年に行った「社会保障制度に関する勧告」は，「いわゆる社会保障制度とは」として，次のように「社会保障」を定義した。「疾病，負傷，分娩，廃疾，死亡，老齢，失業，多子その他困窮の原因に対し，保険的方法又は直接公の負担において経済的保障の途を講じ，生活困窮に陥った者に対しては，国家扶助によって最低限度の生活を保障するとともに，公衆衛生及び社会福祉の向上を図り，もってすべての国民が文化的社会の成員たるに値する生活を営むことができるようにすることをいうのである[5)]。」

この定義では，「国家扶助」と「社会福祉」が区別され，後者が最後に置かれていた。「国家扶助」は全額公費負担で行われる「扶助」であるのに対し，それとあえて区別される「社会福祉」は，おそらく身寄りのない老人や障害者や孤児などへの救護的な援助を指し，民間社会事業を中心にして施されてきたものであったから，区別されたのであろう。憲法における「社会福祉」は，この両者を含む「社会（福祉）事業」であったはずである。かかる「社会事業」を「社会福祉」と呼ぶことの含意には，「福祉国家」の公費による「福祉」援助として普及させようとした含意が含まれていたのであろう。

とにかく，「社会保障」は，生活の困窮に対処する最低限度の経済的保障であるとされた。ちなみにSocial Securityということばには，英語の語意からして，社会の安全保障という含意とともに，社会的に組織された方法，つまり社会化された方法による生活保障という含意がある。そう考えると，社会的な生活保障を通じて社会の安定をはかる政策ということになり，納得できる。

我々の当面する状況に当てはめると，生活の危機を公的に社会化された生活保障の方法によってのりこえ，結婚して次世代を育成できるようにして「少子高齢化」による日本社会存続の危機を乗り越えようとする営みである，ということになる。

1950年「勧告」における社会保障の定義は，カバーする制度範囲は違うが，イギリスにおいて1942年に戦後再建計画として公表された『ベヴァリジ報告』（Social Insurance and Allied Services Reported by Sir William Beveridge）の考え方を取り入れて行われた定義である。

『ベヴァリッジ報告』は，標題が示す「社会保険と諸関連サービス」によって困窮から全国民の生活を防衛しようとする計画を勧告したもので，イギリス福祉国家の青写真であるといわれた。そこには資本主義的な生活の「自立・自助」原則による公的な生活保障の限界も明記されていた。つまり「生存」（subsistence）保障としての限界である。

かかるものとしての社会保障計画は，主に社会保険によって，成年男性労働者を典型とみなした勤労者に均一額の保険料拠出を課し（既婚女性は夫の保険料拠出に依存させる），その保険料収入によって均一額の金銭給付を賄い，貧窮のためにそれから例外的，過渡的にはずれる少数の保険料拠出不能者にだけ公的扶助を給付することによって，全国民に「ナショナル・ミニマム」としての「生存費」だけを保障することとし，それを超える所得は私的な任意保険への加入などの自助努力で得させようとする計画であった。そしてこの生活保障計画を有効にする前提条件として，健康で働けるように全国民包括的な保健医療サービスを用意し，「完全雇用」で充分に稼働できるようにし，多子による貧窮を回避させるため（ひいては労働力の世代的再生産を確保するため）児童手当を給付することを「関連サービス」として付記したのである。

「生存費」としてのナショナル・ミニマムの保障計画とそこでの社会保険の役割についての言及を最小限紹介すれば，次の通りである。この『報告』には，別に至誠堂刊の山田雄三監訳があるが，拙訳をもってその要点の一部を紹介しよう。

「17. 社会保障計画の主な特徴は，稼得力の中断および喪失に対処するとともに，出生，結婚または死亡の際に生ずる特別の支出に対処するための社会保険の仕組みである。この仕組みは，6つの基本原則を含んでいる。すなわち，均一額の生存費給付，均一額の保険料拠出，行政責任の統一，給付の必要充分性，包括性，および被保険者の区分である。……それらを基礎とし，補足的方法としての国民扶助及び任意保険と共同していかなる状況でも困窮を生じないようにすることが本計画の目的である」（9頁）。

つまり，社会保障は，労賃を中心とする人びとの稼ぎが途絶えた時の所得補足を中心にして，それにその他の不慮の事故に際して必要とされる費用をも社会保険によって最低限保障しようとするものとされたのである。

この計画は，種々の矛盾と欠陥を内蔵した。たとえば老齢年金は，全国民による「均一額の保険料」の拠出で互助的にまかなえる範囲での年金給付とされたから，保険料も給付年金もごく低くなって年金給付の「必要充分性」，すなわち生活の必要を充分に充たす事が出来ず，その結果イギリス社会保障は，公的扶助に大きく依存しなければならなくなる。これもこの『報告』が提案した社会保障計画の失敗[6)]例である。

『報告』の3つの指導原則のうちの「第3の原則は，社会保障は国家と個人の協力によって達成されるべきである。国家は，社会保障を組織するにあたって個人の行動意欲や機会や責任を抑制してはならないのであり，国家は，ナショナル・ミニマムを設定するにあたって，各個人が彼と彼の家族のために最低限よりも多く備えようとして自発的に努力する余地とはげましを残すようにすべきである，ということである」（6～7頁）。

つまり，自助を生活の基本原則として誘導し強制するために，社会保障の給付は自助を補足する最低限度に抑制すべきであるとされた。生存費の最低限保障の主張である。そうしないと，人々は働いたり，節約したりしないと考えられていた。ここには「労働」を人々が嫌う「労苦」とみる西欧思想が見て取れる。

「409. 本報告で用いられる社会保障とは，一定所得の約束を意味する。本報告において設定される社会保障計画は，所得を維持することによって欠乏からの解放を勝ち取る計画である。しかし，欠乏からの解放は，人類の本質的自由の1つに過ぎない。狭義の社会保障のどんな計画でも多くの分野にまたがる一連の社会政策（Social Policy）を前提として必要とする……。……前提として必要とされるのは，児童手当と包括的医療保健サービスと雇用保障である」。

「456. ……社会保障計画は，社会政策の一般的プログラムの一部分として提起される。それは，５つの巨大悪への攻撃の一部にすぎない。」

５つの巨大悪の第１は，「本報告が扱う物質的な欠乏」である。

ここで「社会政策」という用語が所得及び社会サービスの欠乏補償政策と「完全雇用」＝「雇用維持」政策を含むものとして登場した。この文脈では「社会政策」が社会保障をも包摂する政策概念として用いられていること，また「生存費」保障を社会保障の内実としていることにも注目される。

ただし，英語の「社会政策」にはその概念の由来や理論的な説明がない。「社会政策」という用語は，元々ドイツ由来のものであり，そこでも日本でも長い概念論争を経ている。今でも英語圏では「社会政策」という用語が稀にしか用いられていない証拠に，コウビルド英英辞典にそれがない。稀に使用されるときには社会保障における「福祉」面に重点を置いているが，ベヴァリッジの場合には，便宜的に労働問題政策と生活問題政策の双方にわたる国家政策を指そうとし，結果的には正解になったのである。

ともあれ，ちなみに，もうひとつILOの1983年発行の『社会保障入門』の定義例をあげると，「社会保障」という用語の意味は，「国によって広狭さまざまであるが，それは基本的に，疾病，出産，労働災害，失業，就労不能，老齢及び死亡によって生ずる稼得の停止や激減によって引き起こされる経済的及び社会的困窮に対して社会が一連の公的措置によって社会の成員に提供する保護と医療の提供と児童手当を意味する[7]」，とされた。これは最大公約的な広義の社会保障といえよう。

## 注

1）『資本論』中の本源的蓄積過程における「残虐立法」についての記述も印象深いものであるが，E. P. トムソン著，市橋・芳賀訳『イングランド労働者階級の形成』（青弓社）も感銘深い。

2）高端正幸「「分断社会」を超え，「分かち合い」の社会保障へ」（『経済』273号）は，とても示唆深い論説である。なお，そこでキーワードとされた「普遍主義」と「残余主義」は，欧米の社会学的な社会保障論と福祉国家論で広く用いられた概念である。それを日本の現状批判に応用した点に，この論考のメリットがある。

3）なお，本書での「社会サービス」は，医療と介護など，所得保障ではなく主に人的なケアサービスの公的保障制度を指すことにする。これは，コウビルド英英辞典において，「ソーシャル・サービシズは，深刻な家族問題や経済問題を抱える人々を援助するために地方当局や政府によって提供される諸サービスである」とされたものからはずれる。しかし，英語での語義も，社会保険に依らない現物サービスとしているので，結果的には同じことになる。歴史的由来からしても，NHS も公的介護サービスも救貧的なサービスを普遍的なサービスに進化させたものであるからである。

4）村田隆史著『生活保護法成立過程の研究』（自治体研究社，2018 年）などを参照。

5）社会保障研究所編『戦後の社会保障　資料』188 ～ 189 頁。

6）拙著『社会保障の保険主義化と「公的介護保険」』（あけび書房，1996 年）第６章などを参照。

7）Introduction to Social Security, pp.2—3.

## 補足　最低限の「生存」保障を超えたとする社会保障論

『ベヴァリッジ報告』に典型をみる「自助」強制的な「生存」保障的社会保障」でさえ，現在の日本ではまだ達成されていない。高齢者層などでは要保護的な貧困が増大の一途をたどっているのに，生活保護による捕捉率は，20％前後という国際的に異例の低さを脱しておらず，ときに餓死さえみられ，飢餓的貧窮にせまられての窃盗やその累犯があとを絶たないからである。その一方で，格差も拡大の一途をたどり，社会の分裂も深まり，貧困問題への社会の冷淡，冷酷も増大し，生活保護受給者へのバッシングが続いている。

もちろん，敗戦直後のような飢餓的貧困の蔓延は，みられない。経済成長を基礎とする国の財政力の強化と，労働・社会運動の高まりを背景として，1961 年からの「国民皆保険皆年金」の施行以後，1973 年の「福祉元年」までは社会保障制度は上げ潮にあり，それを背景として「福祉国家」論が日本でも流行し，かつては「1 億総中流化」が喧伝された。しかし，1974 年の第 1 次オイルショックを転機として経済成長も鈍化から停滞に向かうと，「福祉見直し」が喧伝され，80 年代以降，社会保障も「行革」から「構造改革」という名のリストラ「合理化」に向かい，生活保護の「適正化」も一層厳しくされ，「餓死・孤独死」が頻発していった。それにもかかわらず，国の社会保障制度審議会は，1995 年の勧告においておそらく介護保険制度と消費税の導入を支持し合理化する為に，国民は豊かになり，それを受け入れるようになったとの含意をこめてこう述べた。

「現在では，わが国の社会保障体制は，(社会福祉のような——相澤) 一部の分野を除き，制度的には先進諸国に比べ遜色のないものとなっている。初期の我国社会保障制度は，国民を貧困から守り，心身に障害をもつなど生活に不利な事情にあった人々を救済することを主としてきた。しかし，上述したようなその後の改正，とりわけ社会保障制度の改善により，今日の社会保障体制は，すべての人々の生活に多面的に関わり，その給付はもはや生活の最低限度ではなく，その時々の文化的・社会的水準と考えるものとなっている (219 頁)。」

もちろん，公的年金保険の給付額などはばらばらであり，格差は拡大している。中流階層以上を重視すれば，かれらは「最低限度」ではないのかもしれないが，そこに社会保障の基本問題があるわけではない。

こういう風潮に影響されてか，学界でも，社会保障の規範基準は日本国憲法の第 25 条の生存権保障義務規定ではなく，第 13 条の「個人の尊重」と考えるべきである，という主張も見られる。この主張には，たとえば障害者については個々の生活障害を重視すべきであるという含意や，個々の人格を尊重すべきであるという含意をこめて言われるときにはもっともであるが，両者を対立的に捉えるのは間違いである。13条は基本的人権に係るものであり，25条の生存権保障なくしてはなりたたないものであるからである。

## 第２節　社会保障と社会保険

制度審議会が認めているように，その1950年勧告にも大きく影響した『ベヴァリッジ報告』は，社会保険を主な手段として「生存費」を保障する計画を提案したが，その計画には無理があったので，実際の所得保障では公的扶助が主な手段となった。そして「国営保健医療サービス」がイギリス社会サービスの特長となったのである。

イギリスでは，社会保障が社会保険を主とし公的扶助を補助手段として行われる所得保障制度であるとされたのに対し，国営医療保健サービスなどの社会サービスは税方式での現物給付とされ，普遍的に必要充分なサービス給付を保障する建前を採った。建前としては両者はともに普遍主義的給付とされたが，所得保障は保険主義を主としたので普遍的最低生活費の保障に失敗したのに対し，社会サービスの中心をなしたNHSは，資本主義国としては先駆的で，国庫負担による普遍的なサービス給付保障におおむね成功したのである。同じ共同化としての社会化でも，一方は保険方式による費用の共同補償としての間接的な社会化であるのに対し，他方は全額税方式での社会的共同サービス化という直接的な社会化である。NHSによる医療保障は社会化された国民的共同利用サービスとされたのであるから，自助補足的な所得保障とことなる。

それゆえ，1982年８月に私がNHSの病院において無料で手術等を受けた当時，市場原理主義的なネオ自由主義を信奉したサッチャー首相は，NHSを社会主義的であるとして目の敵にし，その解体・民営化を図る攻撃を強めはじめていた。

もちろん，社会保険も，公費負担（と使用者負担）による「社会的扶養」の面では「必要」を一定充足できる可能性をもつ。その典型が無拠出制の老齢者や障害者への年金である。しかし，これは，保険料の拠出ができない人々を被保険者とする例外とされた。通常の社会保険は，社会保険料の拠出を条件として給付を行う「保険主義」を採っているので，拠出ができない者の「必要」を充足できない仕組みなのである。ここに自助的な保険主義を採る社会保険の根本的な限界がある。無理な保険料の徴収は困難であり，無理を通そうとしての差し押さえなどは人権侵害になる。

まして「ベヴァリッジ報告」の社会保険計画は，あやまって貧富共通の普遍的な均一額の保険料をもって互助的に全国民均一の「生存費」を保障できるとしたが，これでは保険料も給付も低すぎて「必要充分」な最低生活費を保障できず，結局，公的扶助への依存を高めざるを得なかったのである。

とにかく資本主義的な社会保険は，その典型をなす国営労働者保険に於いて自助的な保険料拠出主義＝「保険主義」または「保険原理」を組み込むとともに，それと原理を異にする使用者及び国庫負担による「社会的扶養」を加え，原理的に矛盾する両者の揺れ動く統一体として構成されるものである。

保険原理を代表的に担う保険資本は，収支相当の原則や大数法則等の保険技術を利用して営利事業を営む。高収入の被保険者は，保険事故に備えてその私的保険の保険商品をも購買できる。しかし，勤労者のますます多数派となる労働者は，その上層が加入する相互共済保険に加入しても，保険事故費の一部しか補償されない。ましてこれらの自助が不可能で増大の一途をたどる非正規の低賃金労働者大衆は，社会的扶養性の高い社会保険に頼るしかない。社会保険の社会的扶養主義は，労働者階級と民主主義の発達に対応するもので，後者の社会的力が弱まれば後退して保険主義が強められ，一般的強制力をもつ社会保険機構が国家による家計管理と収奪の権力機構に転落する。この社会保険の防貧と収奪の二面性は，政策主体である資本制国家がもつ人民支配の統治権力と共同体的扶養責務の二面性を，社会保険において体現し，発現するものである。

保険による生計費の部分的社会化の二面性とそれに代わるか補足するかする社会保険のもつ防貧と収奪の二面性は，民主主義の程度に応じて発現の様相を変える。それゆえ，私保険と互助保険 → 社会保険 → 社会保障という歴史的進歩は，とくにネオ自由主義による反動的逆転によって中断され，「公私混合福祉」が常態化する。資本主義の社会保険は概して進歩的なものであったが，本来限界の大きいものであった。

さて，社会保障制度審議会の 1950 年勧告における定義は，『ベヴァリッジ報告』をモデルとしながらも，社会保障に医療保険等も含めていてより包括的である。なぜそうなるかというと，日本の社会保険は，医療も（のちには介護も）社会保険方式に依って費用を自助補足的に部分補償してサービスの利用を支援する仕組みなので，サービスの現物保障ではなく費用の部分補償制度として所得保障制度と統合されているからである。

## 第 3 節　1995 年「勧告」の介護保険弁護論，社会保険の二面性と潜在的な収奪性の無視

社会保障制度審議会の 1950 年「勧告」では，まだ「社会保障制度は，社会保険，国家扶助，公衆衛生及び社会福祉の各行政が，相互の関連を保ちつつ綜合一元的に運営されてこそ初めてその究極的の目的を達することができるのである」とされ，社会保険方式を絶対化してはいなかった。

ところが，社会保障制度審議会の政府に対する最後の勧告となった 1995 年勧告（「社会保障体制の再構築〈勧告〉——安心して暮らせる 21 世紀の社会を目指して——」）は，社会保障構造改革としての介護保険制度の導入にお墨付きを与えるために，社会保険を過度に弁護した。皮肉なことに，この制度審議会は，それが奉仕した「構造改革」政策と同根の「行政改革」によって廃止され，命脈を絶たれた。同「勧告」はこ

う述べた。

「社会保障制度は，みんなの為にみんなで支えていくものとして，21世紀の社会連帯のあかしとしなければならない。これこそ今日における，そして21世紀における社会保障の基本理念である。」

そしてこの社会連帯は，社会保険に於いてよく実現される，とされた。

「社会保険は，加入が自由な民間保険とは異なり，国民全体の連帯を可能にするため強制加入を特色としている。」「社会保険は，国民の連帯に基づき給付の確実性や実質価値の維持を公的制度として保障し，……したがって，社会保険料は，社会連帯の責任に基づく国民として義務的な負担と考えるべきである。」

たしかに，社会保険は，福祉国家的に運用されればこのように機能するが，実際には，しばしば反福祉国家的，官僚主義的に運用されるので，このようには機能しない。歴代保守政権は，天下りなどによって官僚主義的に運用した。制度は，しばしば改悪もされて，保険料及び利用者負担の収奪に使われ，年金保険基金の大方は反福祉国家的に流用されてきた。1995年「勧告」は，この歴史的な現実を直視せずに，介護保険制度にその典型がみられるところの，社会保険がもつ強権性が国家的収奪機講に転化する危険をみていなかった。

「社会保険は，その保険料の負担が全体として給付に結び付いていることからその負担について国民の同意を得やすく，また給付がその負担に基づく権利として確定されていることなど，多くの利点を持っているため，今後とも我が国社会保障制度の中核としての位置を占めていかなければならない。したがって，増大する社会保障の財源として社会保険料負担が中心となるのは当然である[1)]。」

「社会保険料負担が中心となる」保険主義的な社会保険は，私保険的であり，収奪的な社会保険となりがちである。

しかも，かならずしも「給付がその負担に基づく権利として確定されている」わけではない。現に私たちが保険に加入したあとの2004年「国民年金法等の改正」で決められた「マクロ経済スライド」により，公的年金はとめどなく切り下げられている。

おまけに「社会保障の費用負担については，社会連帯の考えに基づく社会保険料や社会保障公費負担を主にしつつも，サービスの利用者も相応の負担をしていくことが適当である[2]」と，応益利用者負担も当然であるとまで述べたのである。

「今後増大する介護サービスのニーズに対し安定的に適切な介護サービスを供給していくためには，基盤整備は一般財源に依存するにしても，制度の運用に要する財源は主として保険料に依存する公的介護保険を基盤にすべきである。……介護サービスの給付は社会保険のシステムになじむと考えられる[3]。」

ところがそうではない。介護保障のような選別的な社会サービスは，本来，社会事業に属していて税方式になじむものである。介護保険制度においてさえ，公的な受給資格の認定という行政措置による選別を経なければ給付されない。普遍主義的な医療給付と異なる。

だから，国際的にも介護保険方式を採る国は，圧倒的に少数派なのである。

税負担に国民が反発するというなら，全国民に最低生活保障年金と必要充分な医療，介護その他の社会サービスと児童及び就学手当を充分に保障する計画とその費用を賄う累進的な「社会保障連帯税」を設けるというような計画を公聴会などを経て策定し，それについて国民投票をやらせてもらいたいものである。

「分断」といえば，分断による差別化は，日本の社会保障，社会保険，社会福祉の悪弊である。それを克服し，民主的な包括的社会化は，戦略的な変革課題のようなので，第３章において改めて論じたい。

分断・差別と当事者の運営参加を排除する官僚主義を克服し，保険条件のレベル・アップと民主的管理を図ることは，日本社会保険改革の大事な課題である。介護保険制度も後期高齢者医療保険制度も，社会保険になじまないリスク部分を分断し切り取って私保険的に保険化したものである。応益利用者負担も公費負担の削減に利用されるとともに，被保険者によるサービス利用の自粛にも利用されているのである。

ところが，前述のように社会保障制度審議会の最後の大勧告である

1995年勧告は，介護保険の導入にお墨付きを与えるために，前述のような日本型社会保険の欠陥を伏せたまま，社会保険方式のメリットだけを誇張した。制度審議会は，嘘をついたのである。

「社会保険は，その保険料の負担が全体として給付に結び付いていることからその負担について国民の同意を得やすく，また給付がその負担に基づく権利として確定されていることなど，多くの利点をもっているため，今後とも我が国社会保障制度の中核としての位置を占めていかなければならない。したがって，増大する社会保障の財源として社会保険料負担が中心とならなければならない。」[2)]

この社会保険方式推奨の弁のなかで分かりやすいのは，要するに保険料の拠出義務に給付受給権が商品交換的に対応するという主張である。しかし，日本の現行社会保険においては，給付が契約的に確定された権利ではなく，財政的都合次第で加入時よりあとに減額される場合が多い。

実は，2018年10月5日の今日も済定ずみ年金の事後的な切下げが日本国憲法の保障する生存権と財産権を侵害するとして国を被告とする裁判闘争を支援するための傍聴と集会に，「年金裁判を支援する福島の会」の会長として参加してきた。

なお，保険料と給付の対応というだけなら私保険でも同じである。社会保険は，被保険者に保険料を拠出させて自助努力を法的に強制する「保険主義」のほかに，それでは賄えない費用を使用者および国家が負担する「社会的扶養」を備えるという点で社会的な改良なのである。これは，歴史的には労働者階級と民主主義の発達が国家と財界に強いたものであるからである。

しかし，いったん社会保険がつくられたうえで社会的改良を強いる労働運動などの社会的な圧力が弱まると，社会保険の社会的扶養性も後退させられ，社会保険の強権性が保険料の引き上げと応益利用者負担の拡大を強いる国家的収奪の手段に変わるのである。この点は，保険学においても重視されてこなかった論点なのでとくに強調しておきたい。

この論点は，服部英太郎の「国家独占資本主義社会政策論」において示唆され，私が日本の戦時社会保険を典型として，国家独占資本主義によって強められる国家の抑圧及び収奪性の社会保険における表れとして強調したい論点である。それが今や平時においても強められているのである。

さて，ここで介護保障には社会保険方式がなじむという社会保障制度審議会の 1995 年「勧告」の主張が正しかったのかという問題を振り返っておこう。

「今後増大する介護サービスのニーズに対し安定的に適切な介護サービスを供給していくためには，基盤整備は一般財源に依存するにしても，制度の運用に要する財源は主として保険料に依存する公的介護保険を基盤にすべきである。公的介護保険とは，要介護状態になった時に，社会保険のシステムを利用して，現物給付又は現金給付あるいはそれらを組み合わせた介護給付の費用を負担する制度である。長寿社会にあっては，すべての人が，期間はともかく相当程度の確率で介護を必要とする状態になる可能性がある一方，そのような状態になった老親を持つことにもなることから，介護サービスの給付は社会保険のシステムになじむと考えられる[3)]」，といわれた。

「介護サービスの給付は社会保険のサービスになじむ」というが，保険料拠出能力の低い高齢者が被保険者の大方を占める介護保険制度において，保険料への依存度を高くして保険財政が成り立つはずがなく，制定された介護保険制度においてさえ，利用者負担をのぞく費用の半分は公費負担とされた。

たしかに，すでに高度経済成長期から核家族化と共働きが広がる中で介護問題が深刻化していたことは，有吉佐和子の『恍惚の人』が 1972 年に出版されて爆発的に売れ，介護の社会化の必要性を覚醒させるのに役立ったことによっても明らかである。この本の主人公の痴呆老人もそうであったが，彼の介護もかかりつけ医の医療と看護に大きく依存した。本間照光たちが指摘するように，介護問題は保健医療問題と直結し，とりわけ看護と介護は密着している。すでに家族ケアのレベルから両者は切り離しえない。私自身精神障害者福祉活動を進めてきてみて，介護も看護も家族ケアに発してその限界を突破すべく社会化されたサービスに展開する関係に注目してきた。

ところが，介護保険制度は，本来社会保険にはなじまずに社会事業の対象である介護リスクを保健医療リスクから故意に切り離して営利企業の参入を奨励し，その費用の部分的補償を社会保険方式化して，社会福祉的な公費負担を保険料と利用料に転嫁するものであった。「介護地獄」の蔓延と社会保険への幻想のなかで家族介護の主な担い手であった女性たち，とくに社会的に知名度も所得も高い中流「女史」たちを代弁者として，介護保険化を圧倒的に支持させてその成立を促がしたのであった。それによって日本の社会保障制度の「構造改革」として収奪性の高い介護保険制度に，彼女たちは，乗せられ，だまされたのである。

後期高齢者医療制度もそうであるが，介護保険制度もリスクが最大の集団を無理に切り離して私保険的な「社会保険」の給付対象とするものであったから，それらの無理な社会保険化は財政危機を募らせ，早晩，ゆきづまり，社会サービスの現物給付に大転換せざるをえなくなるはずである。しかし，現状では，他に選択肢がないため私自身も利用せざるをえないほど，介護保険法体制に支配されている。佐伯一麦の私小説『還れぬ家』（新潮社，2013 年）で描写された痴呆の進んだ父親の介護の様子も，介護保険体制への埋没を例示している。

それゆえ，当面の改革課題は，手持ちの金がなくても医療も社会的介護も受けられるように社会保険を改革することなので，国庫負担率を高めて，まず応益利用者負担をなくすか減らすかすること，ついで保険料を軽減すること，そしてその分の費用を消費税の増税によってではなく，大企業から貯まる一方の内部留保をはき出させ，企業法人税と所得税をもっと累進化させて経費負担の民主化を図ることである。

## 注

1）社会保障制度審議会事務局編『社会保障の展開と将来』（法研，2000 年）228 ページ。

2，3）同前，239 ～ 240 ページ。

# 第2章　社会保障（医療・介護保障）の理論と制度の発展

## 第1節　運動論的見地も加えた社会保障関係諸概念の再構成

### 1　批判的な総合社会政策論を立ち上げる必要性

ところで，そもそも介護保険制度は「社会福祉」または「社会事業」なのか，それとも疾病保険と同類の「社会保険」なのかという問題があいまいなままであった。国家試験にも使われる中央法規などの社会福祉士養成講座の教科書は，ただほかの社会保険と併記しているだけである。

国営の疾病保険は，賃金労働者を被保険者としたドイツのビスマルク社会保険，つまり国営労働者保険に始まる。日本でもやはり労働者疾病保険として1922年に制定された健康保険法に始まる。どちらも労働＝社会運動の大きな高揚を社会的動因とし，その情勢に対応したものであって，疾病保険は，典型的な「社会政策」としての社会保険とされてきたものである。

一方，1938年に公布・施行された敗戦前の国民健康保険は，当初，任意設置，任意加入とされ，5人未満の零細企業の労働者も任意に加入できるとしたが，主には隣保相扶主義を採って農村の農民家族を主たる対象とするものとして制定されたもので，その限りでは社会事業的な社会保険であった。しかし，戦後の1958年に大改正されて「国民皆保険」の柱とされたときには，国の財政負担の義務も明記されて社会保障としての疾病保険に変えられたのである。

ところが介護保険制度は，元々，行政措置による選別的な社会事業であったものを財政技術的に社会保険方式に転換したものである。社会保険は，私的な任意保険を前史として，その財政的制約を超えるための保険財政技術としての社会保険方式の側面のほかに，労働＝社会運動の高揚に対抗する必要による生活保障の歴史的発展形態としての側面をもつ。保険財政技術としての社会保険方式は，労働＝社会問題対応の本来的な労働＝社会政策に於いても，社会事業または社会福祉に対しても利用可能なものである。介護保険制度は，社会事業への社会保険方式の転用であり，しかも被保険者中の元労働者の比重が高まってからの転用なのである。

このように社会政策，社会保障，社会保険，社会福祉または社会事業の相互関係は，大変入り組んだものなので，この関係を概念的に再整理することが理論的にも必要なのである。

先ず，社会政策の概念について考えよう。日本の社会政策学においては，明治時代の工場立法論にはじまって[1]，社会政策は労働力を保全するとともに労働者を保護することによって社会主義化をも防止するという二重の意味で体制保全政策であるというのがかつての多数説であった。そして敗戦後間もなく大規模に行われた社会政策本質論争において一方の主役を演じた岸本英太郎は，社会保障は社会政策ではないとして以下のように主張した。

「これ（社会保障）は社会保険を中核とし，これと国家扶助を統一し，国民のある一定の最低生活＝国民的最低限を，国家の義務として，国民の権利として保障する国家及び地方自治体の生活保障政策＝社会の安定を保障するための政策である。したがって社会保障は社会政策」でない。」（本来の社会政策も社会を社会主義から防衛するという意味での安定をはかるものであった——相澤）「学者のなかには社会保障を社会政策と考える者もいるが（例えば孝橋正一教授），これは誤りである。何となれば社会政策は賃労働（賃労働者と書くべし——相澤）を対象とする政策であるのに，社会保障は賃労働者ばかりでなく，農民や小商工業者や，その他賃労働者以外の一般国民をも対象としてふくむからである[2]」。

なんたる形式論であることか。私は，かつてこのように書いた。「このように社会政策を狭く労働力または賃金・労働諸条件を扱うものとする方法は，大河内一男氏の方法をはじめとして暫くの間わが国の社会政策論の主流をなした。かかる方法に立脚する社会政策論は，労働者階級の生活問題でさえ関連問題としてしか扱えず，したがってそれと絡み合う労働問題の全体構造もとらえられず，まして現代資本主義国家の全国民を対象として国家財政支出の最大経費にまで成長している社会保障を固有の主要な一研究対象となしえず，偏頗な局部理論に堕すものである。……労働（力）政策と生活保障政策をふくめて総合的に体系化する試みはほとんどなされなかったといってよい[3)]。」革命的危機と世界大恐慌，第2次世界大戦の危機に直面して構造的に変革をとげた国家独占資本主義は，ファッショ国家＝「戦争国家」と「福祉国家」という現代国家の対抗的な二面性を内包しつつ「福祉国家」を優先させる現代社会政策の歴史的特殊性として社会保障を突出させる構造的特質をもつ。これを否認する社会政策論は，現代の社会科学の名に値しないのである。

こうした時代の要請を反映して，1970年代になって木村正身と大河内一男が労働生活条件と消費生活条件の双方にまたがる総合的福祉政策とみなすべきであるとする考えを提起した[4)]。大河内の「所感」は，またもや自説の反省的吟味をせずに，「福祉見直し」の時流に便乗して労働力保全説を変容させる「所感」であった。木村正身の所説は，イギリス福祉政策論を参考にしての論考であった。いずれも労働生活過程と消費生活過程の総体を包括する政策として社会政策概念を拡張して捉えなおす観点を示唆した。ただし，木村の「労働」及び「生活」「福祉」論は，労働及び生活のナショナル・ミニマム体系としての社会政策として現代社会政策問題を総合的に考察する方法とした方がよかった。

とにかく現在では，安倍内閣が財界の意を受けて強行する「働き方改革」から社会保障解体政策に及ぶ政策の全体を批判し，それに対置しうる総合的なナショナル・ミニマム保障政策論とする批判的な総合社会政策論を立ち上げることが必要なのである。

現実の社会政策も，やはり資本制国家の本性に根ざす共同体的生存保障政策と権力的支配・収奪政策というあい矛盾する二面性を持っており，それを組み合わせて体制擁護を図る政策なのであり，岸本が主張したように一面的な経済的改良政策ではない。

とにかく社会政策論の総合化が計られなければならなくなったのは，第２次世界大戦時の社会政策の変容を経て民主連合勢力の勝利のもとに形成・展開された戦後の国家独占資本主義が労働問題政策とともに生活問題政策をも必須の国家装置とするようになったからである。

ところが『ベヴァリッジ報告』は，何の説明もなしに社会保険による所得保障も「雇用維持」＝「完全雇用」政策をも包摂する政策用語として「ソーシャル・ポリシー」を用いたのである。

なお，イギリスの社会政策論は，ロンドン大学において展開されたが，ソーシャル・ワーカー養成のための非体系的，実学的な学問研究として展開された。第２次大戦後には R. M. テイトマスと T. H. マーシャルの社会政策論などが著名である。

それにしても，社会保障政策をも包摂する社会政策論の「総合」化が日本では 1970 年代まで遅れたのはなぜであろうか。

1970 年代には，国際的にも日本でもケインズ主義的な高度経済成長がゆきづまって経済成長が鈍化から停滞へと移行し[5]，「福祉国家」志向政策も困難になって「福祉見直し」が喧伝され，それに反動的に便乗して 80 年代から労働及び社会保障政策において「規制緩和と民営化」を軸とするネオ自由主義的な反動的攻撃が本格化する。日本においては，80 年代の臨調「行革」から 90 年代の「構造改革」への展開である。その転換期にあって改めて日本の低福祉と社会保障，社会福祉のゆがみ，その真逆的な再分配機能も注目され，その改革がいっそう重視されるようになり，社会保障を重視し包摂する社会政策論の再構築が時代的要請となったのである。この流れを体制擁護の官庁側から表現したのが，日本型「福祉社会論」であり，「総合社会政策」論であり，それに社会政策学会も対応して特集を組んだのである。私は，これに批判的に対応したが，無視したのではなく，労働政策と社会保障政策を批判的に総合化して研究する観点と方法が必要とされることを強調したのである。これを批判的な「総合社会政策論」と呼ぶことにする。

おりしも私個人にも転機が訪れていた。私は，1982 年にイギリス労働史を研究するために渡英したが，癌が発症してNHSの病院に入院し手術その他の医療を受けて帰国せざるを得ない災難に遭った。帰国して余命3ヵ月と宣告されたことは後に知るのであるが，命の限りを予感して，生きている内にイギリスでのNHS体験によって触発された社会保障への研究関心にめどをつけたいとの欲求に駆られて，社会保障の学習と研究に踏み込むことになった。そのうえ，1987年以降には息子に精神病が発症して共に苦しむことになり，1995年以降に代表者になって仲間とともに家族会を立ち上げ，やがてそれをNPOにし，施設を創って運営するようになり，その社会福祉活動が今日に及んでいる。私の社会保障・社会福祉への関心と研究は，かかる私的な経験と社会活動に支えられ，期せずして時代的要請と重なることになった。以後，私の著作は，拙著『社会保障の基本問題　「自助」と社会的保障』（未来社，1991年）をはじめとして，社会保障問題とそれを取り込んでの社会政策論の再構築に取り組み続けることになる。

ただし，社会福祉の領域については，前掲の「障害者自立支援法」批判を副題とした拙著だけで，その理論化を果たせないできた。

ともあれ，現代国家独占資本主義の社会政策体系は，安倍が財界の意を受けて強行する「働き方改革」という名の「過労死」促進政策から「全世代型社会保障」という名をかたる社会保障改悪政策に及ぶものであり，目下の私の社会政策論研究の主要課題は，ネオ自由主義的な全面攻撃に対抗する政策批判と代替政策の探求ということになる。かかる当面する社会政策の基本問題解明のためには，この全領域をカバーする批判と提案のための批判的な総合社会政策論が必要とされ，概念の再構築が必須となっていたのである。

## 2　社会政策と社会福祉

社会福祉を含めて概念理解を再整理するためには，社会福祉の理論的位置の論定を目指す概念問題を論じた木村敦の著書『社会政策と「社会保障・社会福祉」』（学文社，2011年）も有力な参考文献となる。そこでは，数多く拙論も参考と評論の対象とされている。

彼は，この本の標題の説明として問題意識を次のように述べている。

「『社会保障・社会福祉』は，社会福祉を社会保障の重要な構成要素ととらえるという意味である。今少し説明すると，社会保障は生活問題対策であり，その一環である社会福祉は最低限・最小限の最低生活保障という役割を社会保障制度体系内で担う（社会保障の底辺制度という意味であろうか……相澤）。したがって，社会福祉と社会保障を切り離したうえで社会福祉の内部問題だけを考えていたのでは，『社会福祉とはそもそも何か』が理解できない。……『社会政策と「社会保障・社会福祉」』を『と』で並列させたのは，社会政策を労働問題対策が基本であり（からはじまり），そこから生活問題対策へと拡大するという性質の政策領域であると理解したうえで，それと『社会保障・社会福祉』との関係を明らかにしたい，という意図のあらわれである。労働問題対策という任務は社会政策が担わなければならないと著者は考える。しかしながら近年，『就労支援』などという名で，その責任が社会福祉に押し付けられているのではないか。そして，労働問題対策が社会政策として拡充されることを前提とせず社会政策の整備は進まないのではないか。このような問題意識が著者にはある。

……生活問題が労働問題を基礎にして生み出されるというメカニズムのもとで，（労働問題対策としての社会政策が不足するとき――相澤）」社会福祉が社会政策を「補充・代替」するということが起こるのである」（iii～iv頁）。

この問題意識は，おおむね正当であろう。但し，国家の「政策」は，「対策」ということばでは説明しきれない。対策には個別企業の労務管理などまで含まれる。「政策」論には，すくなともその主体としての国家論がなければならない。もちろん，「社会福祉」論にも運営主体論が必要であろう。その運営主体は，国公営から私的経営まである。この点では資本制国家を政策主体とする「社会政策」および「社会保障」とは異なる。もちろん，社会保障でさえその前史には民間の慈善事業があったのであるが，社会保障は第２次大戦後に世界的に普及した「国家独占資本主義」の国家装置であるという歴史的特殊性をもつのであって，世界大恐慌前の「政策」を「社会保障」と呼ぶべきではない。

木村敦は，社会政策を大河内一男流の労働力保全政策を中心とする労働問題対策とみなし，一方，社会福祉を労働問題から派生する生活問題への対策として社会保障の最底辺を担う政策ととらえている。おそらく老人および障害者介護などを典型領域とみているのである。

たしかに日本における社会政策論は，ドイツ社会政策学の移入にはじまって，社会主義化を予防するための鞭付アメの改良主義的労働政策論として出発しながら，ドイツ，次いでアメリカの労働経済学の影響を受けて労働市場論と労使関係論へと翼をひろげてきた。しかし，国家独占資本主義化とともに社会政策は最低生活保障政策としての社会保障政策をも包摂せざるを得なくなって総合社会政策論となる。その観点から，国家独占資本主義の社会政策は，国民の労働及び生活基準の保障によって最低生活保障を図りつつ国民を統治しようとする政策体系であるが，それは公租公課による経済的な収奪をも伴うという二面性をもつ政策体系なのである。

社会政策も社会保障・社会福祉も労働者・住民の側の要求と運動の力に応じて改良も改悪もされるものであるが，大勢としては資本主義の矛盾を緩和しつつ体制を防衛・補強しようとする支配階級の政策である本性が貫徹しがちとなるのは，資本主義体制を支持し防衛する国家の政策としての宿命である。その枠内で国家独占資本主義の国家もその政策も二面性を持っていて，労働者・住民の生活要求を反映する「福祉国家」的傾向とともに，それに不断に逆らい「戦争国家」，ファッショ国家，強奪国家に傾斜する傾向があり，両者の間での綱引きの中で動くものである。

社会保障は，戦後の資本制国家を政策主体とする国家独占資本主義の普遍的な最低生活保障を標榜する政策装置であるのに対し，現代の社会福祉事業は底辺的な生活困難の緩和のための公私の選別的な福祉サービス給付事業であり，その典型は介護サービス事業である，ということにしよう。社会保険とはちがい，介護サービス事業にはもともと民営事業も多いのであるが，財政が社会保険方式化されて公的介護保険になると，それは社会保障の民営化路線に沿って民営介護提供事業を政策的に増やしつつ管理して動員するものとなる。

筆者は労働問題と労働政策の歴史的な研究から出発したこともあって，資本主義化とともに増大の一途をたどる労働者その他の一般住民の生活問題は労働問題から派生する社会問題であると考える傾向がつよく，経済的論理の本筋としては今でもそうであると考えるので，最近読み返した孝橋正一著『全訂社会事業の基本問題』における社会事業の理解[1)]には共鳴する点が多い。この点では，孝橋の学説に依拠する木村敦と共通である。但し，孝橋の方法の抽象性と規定の形式論的方法には疑問と懸念を持つ。

ちなみに孝橋は，要約的な「序」において次のように述べた。

「一般に社会問題と呼ばれているものをここには社会的諸問題と言い，そこから社会問題（社会の基礎的・本質的課題）と社会的問題（社会における関係的・派生的課題）とを分析的に抽出する。そして前者への社会的対応を社会政策，後者へのそれを社会事業であると規定する。」

ここでいう「社会事業とは，資本主義制度の構造的必然の所産である社会的問題にむけられた合目的・補充的な公私の社会的方策施設の総称であって，その本質の現象的表現は，労働者＝国民大衆における社会的必要の欠乏（社会的障害）状態に対応する精神的・物質的な救済，保護及び福祉の増進を，一定の社会的手段を通じて，組織的に行うところに存する」(24 ～ 25 頁)。

「社会政策による社会的保護に常に身近な限界があり，したがってそこから彼らを締め出すかないしはきわめて不十分な保護しか与えられないときに，社会事業によってそれが補充されるかまたは社会事業によってのみ最終的に保護せられることによって，彼らの社会的必要の充足や社会的障害の除去が可能となり，生活そのものの不成立という最悪の事態からさえ救出せられることができる」(29 頁)。

社会政策の伝統的な理解を前提としたかかる枠組みの中では，かかる包括的な社会事業規定は，あまりに形式的で抽象的である。それは，歴史的特殊性の規定を含まない規定である。

しかも，「社会政策は，資本による労働力の価値収奪とそれに対する労働者の組織的抵抗に関する国家的規制としての機能を果たすものである」（全訂59頁）とか，風早八十二が提唱した社会政策の限界論を採って「平均利潤率の限界」によって規定される（同前，43頁）社会政策の限界のゆえに社会事業が社会政策を「補充・代替」するという方法と規定をそのまま受け入れるわけにはいかない。

ちなみに，同時代の岸本英太郎は，社会政策の本質について，次のように規程した。

「かくて団結・罷業権の承認および労働時間の短縮を主内容とする標準労働日の確定＝工場法その他の労働『保護法』＝『労働条件の維持・改善』策は，資本による労働力の価値収奪に対する抑制緩和たる本質をもつということができるのである。これは社会政策の本質における経済的契機とでも名づけることができよう。この契機に於いては，社会政策は，労働協約による労働条件の維持改善や個別資本による福利施設などと同じ本質をもつということができるのである。

この社会政策における政治的契機と経済的契機とが不可分に統一されて社会政策の本質が構成されている。かくて社会政策は，労資の階級関係の安定を通じて（社会政策の本質における政治的＝社会的契機），国家の法的強制によって行われる資本による労働力の価値収奪に対する抑制緩和策である，と定義することができるのである[1)]」。

本質論であるから，このように抽象的および形式論的でよいとはいえまい。社会政策も「社会保障・社会福祉」も歴史的な形成体なので，それぞれ資本主義経済と上部構造（国家とイデオロギー）の展開の歴史的特殊性を含ませて規定しなければならないはずである。

孝橋正一が社会事業研究会から『社会事業の基礎理論』を公表したのは，1950年である。それは丁度，かの社会政策論争の展開と併行した。服部英太郎が大河内一男の社会政策論を社会政策論の「生産力説」として批判した「社会政策の生産力説への一批判」を端緒とした社会政策論争は，岸本英太郎らが中心となって「本質論争」の抽象論義に偏向し，その抽象的観念性や経済的改良限定的な本質規定によって不毛に帰したと批判された。私は，「社会政策本質論争」の役割を全面的に否定することには反対であるが，この時期に形成された孝橋理論の抽象性や本質規定の一面的形式的論法は，岸本英太郎の社会政策本質論の抽象性と一面性に通ずるものがあるようなので，注意が必要なのである。

孝橋理論の抽象性は，社会政策と社会事業がともに対象とする資本制的蓄積による「窮乏化」について，孝橋正一が岸本英太郎の「労働力の価値収奪」による「労働力の価値以下」への労働・生活水準の低下説を受け継いでいることなどにみられる。

こうは書いても，私は，孝橋理論の生成・展開を追跡することもできておらず，その社会政策の補充・代替論など，学ぶことも多いし，「窮乏化」に関する次の指摘には，結論的に同調する。さすがに，彼は碩学であった。

彼は，『全訂』版の終章の「一　窮乏の新しい概念」において，イギリスの貧困論を代弁したウエッブ夫妻の被救恤的な窮乏（Destitution）への言及に発して，それに対応するマルクスの「受救貧民」（Pauperism）を取り上げ，ウエッブたちの「救貧法と失業問題に関する王命委員会」がそれを通俗的に理解されるような社会的な落伍者層ではなく，いまや全般的な脅威となっていることを次のように指摘した。

「こうして救貧法的術語としての窮乏のよりせまい，そして意味を異にした古典的・形式的概念は，いまやより広いそして質的に新しい意味をもった一般的・実質的概念におきかえられる時期に到達した。特殊的社会層として，相対的過剰人口の最下端に沈殿・堆積したはず窮民は，いまや全社会的規模をもって増大的に生産せられ，相対的過剰人口の各種形態および現役労働軍への拡大的な浸潤を行い，これらのすべてを含んで，このような新しい意味での窮民に対する社会的保護が，資本主義的生産にとって，したがって資本とっての必要な経費にまで転化してきたのである。いまや Destitution は社会の特殊部分なのではない，全社会的規模で普遍化してきたのである」（325 ～

326頁)。

この論点について，私は，拙著『社会保障の基本問題』の第２章「『受救貧民』(Pauper）と国家――公的扶助論の理論的原点をたずねて――」において，「初期マルクス」における「絶対的貧困」および「潜在的受救貧民」論を手掛かりして，いまや全労働者，いや全庶民が「要保護貧民」化の危険を普遍的に負うようになっていることを指摘したが，この結論と実質的に同じ見解である。マルクスの概念を創造的に発展させることの役立ちを例証するものである。だから，孝橋が「ウエッブやマルクスの時代や思考と違って，このように創造的・発展的に解釈せられることが必要である」(324頁）と述べたことをうのみにせず，古典の諸概念を創造的に発展させる必要を強調しておきたい。

ともあれ，国家独占資本主義のもとにおける社会政策や社会保障・社会事業は，経済的基礎過程に規定される諸関係からの論理枠では説明しきれるものでなく，この局面の上部構造由来の政治的，社会的な労働および生活障害の諸問題を巡る人権と社会権レベルの対抗関係において，社会政策も社会保障・社会福祉も解明されなければならない。したがって社会保障・社会福祉運動の政治と社会への係わりに関連する独自の役割をも重視しなければならないのである。それらは，もっと上部構造的な政治と経済関係との相互浸透関係，社会的政治的な対抗関係の中で変動する動態的なものでもあるからである。

したがってまた，「社会事業」一般と国家独占資本主義段階の「社会福祉」とは全く同じではなかろう。社会事業の運営主体は一般的に公私にわたり，社会福祉もそうなのであるが，戦後の国家独占資本主義の「福祉国家」的傾向に包摂される社会事業を「社会福祉」と呼べるのではあるまいか。

ただし，「福祉国家」政策も「社会福祉」もネオ自由主義的に改悪されると変質し，反福祉的，抑圧的になるのである。この局面では，国家が民間の社会事業に寄生して取り込むばかりでなく，社会事業が国家政策に寄生して営利私営化する傾向も増すのである。我々は，この典型をわが国の社会事業の社会保険方式化である介護保険制度に寄生する営利会社による介護事業の展開にみることができる。

いずれにせよ，孝橋正一のように経済理論的な方法だけを借用して説明できるものではなく，国家独占資本主義国家の論理，つまり福祉国家的な生存権保障責務と権力的支配・収奪志向との政治的綱引きの論理のなかで決せられ，その綱引きにおいて労働運動や社会保障運動も大きく影響することも重視すべきであるということである。50 歳からの医療経験と障碍者福祉活動を経てからは，とくにそう考えるようになった。

なぜなら，大河内一男的な生産的な労働力政策論の観点からは，労働能力の低い障害者や高齢者の生活問題を派生的，副次的なので低福祉が当然であるという考えを受容しやすいからである。現実は資本制経済的原理と共同体的扶養の原理との矛盾と葛藤の中で動くのである。この関係は，社会保険においても貫徹し，社会保険は，自助的な保険主義と社会的な扶養の対立物の統一として構成され展開する。

ちなみに，真田是著『社会問題の変容』（法律文化社，1992 年）3 頁における次のような指摘は，包括的であるがゆえに結果的には理解が接近してくる。「研究対象としての社会問題は，1 つには近代資本主義以降の現象という限定がされてきた。これはおおよその合意ができている限定である。私はこれにさらにもう 1 つの限定を加えて考えてきた。それは，人間の労働と生活に発現した人権に関わる諸問題および状態という限定である。」

この説明には，「人権」の回復を目指す社会保障運動を重視する含意がこめられているのであるが，「人権に係る諸問題」というだけではあいまいに過ぎ，もっと厳密でなければならない。それこそ人権の現実的ありようを左右する国家独占資本主義に内在する相矛盾する社会的政治的論理なのである。つまり生存権保障と国家的収奪が対抗する論理であり，その基礎には国家独占資本主義における労働と生活の高度社会化に伴う貧困化と豊富化の対抗的矛盾の展開があり，それに社会運動が規定的に関わるのである。

なお，本来または狭義の社会政策は，資本制的な生産（資本・賃労働）関係に直結する労働問題に対する国家の政策体系とされたが，現代の国家独占資本主義のもとでは，独占資本の支配が国家を媒介として労働および消費生活過程の全領域に及び，それを規制する必要もそれに対応するので，社会事業の大方も国家の社会政策と社会保障政策によって規定され，社会福祉という用語が妥当するのである。それゆえ概念の包摂性としては，広義の社会政策または総合社会政策が広義の社会保障を包摂し，社会保障が社会事業を包摂する傾向が進展しているのである。各分野の独自性にこだわりすぎると，とくに国家独占資本主義のもとでは全体的な視野が見失われる。

また，社会福祉事業領域にまで強く政策活動を拡張する政策主体としての国家独占資本主義の国家は，支配階級による被支配階級に対する支配と収奪の権力装置としての側面と，公共的な共同体として国民・住民の扶養＝生存保障装置としての側面，つまり「福祉国家」的側面をあわせもつ。民主制国家は，人民主権の福祉国家としての側面と独占資本が支配する支配と収奪の権力装置としての側面との矛盾の中で葛藤し揺れ動くのである。その揺れをもたらす最大の要因が労働及び社会運動，その一環としての社会保障運動なのである。

## 注

1）拙著『日本社会政策学の形成と展開』（新日本出版社，2016 年）第２章参照。

2）岸本英太郎著『社会政策』（ミネルヴァ書房，1965 年）44 ページ。

3）拙著『社会保障の基本問題　「自助」と社会的保障』（未来社，1991 年）42 ページ。

4）木村正身「労働条件と福祉条件――社会問題の総体的認識のために」（『香川大学経済論叢』第 47 巻第４・５・６合併号，1976 年），大河内一男，社会経済国民会議『総合的福祉政策の理念と方向――日本型福祉社会の提唱』（1978 年）の「委員長所感「新しい社会政策の理念を求めて」参照。

5）原朗「戦後変革と日本資本主義」，『経済』No. 278，2018 年 11 月参照。

# 第3章　医療と介護のルネッサンス

## 第1節　社会保険による間接的な社会化と公的サービスの直接的な社会化

現在の日本では医療も介護も，社会保険方式によってケアの費用を部分的に補償してその利用を支援するものとされているが，疾病保険と介護保険ではケアの費用の社会保険方式による補償としての共通性もあるが，違いもある。

まず保険事故，つまりリスクの違いが大きい。医療保険は，医療が欠かせない傷病を保険事故とする。昔から医療を受けるには金がかかり，貧しければ医者代が払えなかったので，あてにならない慈善医療や救貧医療（施与）に頼るしかなかった。「命の次第も金次第」とされ，貧富の格差は「健康格差」や「寿命格差」をもたらした。それゆえ，医療保障の要件は，第1に医療費の保障である。もちろん，医療費があっても，医者などの医療人材をはじめとする医療資源が提供されなければならない。だから，医療保障は，第2に医療資源または医療サービスの保障である。

疾病保険は，被保険者に医療費の全部か一部を補償するとともに，医者または医療機関に医療費の支払いを約束する基本的な1つの方法である。そして疾病保険の事故は，傷病であるから，普遍的であり，医療の保障は生存権保障にとって最大級の必須条件である。

日本では，かねてから医業を私的に営む開業医制度が基本とされ，現状では零細医業経営と大学病院を含めて国公私立と協同組合立の病院とが鼎立する「混成＝競合体制」[1)] を構成し，この無政府的でゆがんだ医療の競合的編成も医療費を必要以上に増やし，医療の改善を阻害し，それも構造的な矛盾となってきた。この点は，とくに1982年にイギリスのNHSにおいて医療を受けてみての実感である。

ともあれ，日本では疾病保険が医療費の部分補償をするもので，差額は応益利用者負担に追加しての自己負担となり，医療保障としては至極不十分である。この点は，介護保険の給付も同様で，保険料を拠出していても利用者負担を払わなければ介護事業者から「介護サービス」を買えない仕組みなのであって，それは社会保険の本旨にも悖《はい》るものである。

もちろん，医療と介護では看護ケアと介護ケアとのつながりはあるが，医療は医師による専門治療という独自要素を中心にする点で，介護とは異なるので，家族の外から社会的に提供されなければならない。

日本的な特殊性は別としても，とくに医療を社会的に確保することの困難を一般的に緩和ないし解決するためには，医療の確保を社会的に共同化する方法として社会化された方法が開発されてきた。この社会化には，社会保険による費用の共同補償の方法と国公営の租税収入によって現物サービスを直接に給付する方法とがある。

社会保険方式による方法は，自助的な保険料拠出と国庫及び使用者負担による社会的扶養とを加えた共同保険支払基金によって社会保険事故，この場合は医療と介護の必要経費の相当または全部を賄うところの，費用補償の保険的な共同化による保障である。疾病保険などは，医療費支払いと医師確保の困難を保険的に共同化して解決するためのもので，保険料を拠出すれば利用料を支払わずにサービスを享けられようとするのが本旨であったので，応益利用者負担を課すことは社会保険の本旨に悖るのである。

現在の日本では，医療費負担の社会化と医療提供の社会化を基本とし，生活保護制度における医療扶助を補助手段としている。この方法によって医療を受ける側の医療費負担の困難を軽減するか，解消しようとしている。しかし，日本の疾病保険は，社会保険の原理・原則に反する応益利用者負担を課しており，保険料を拠出しても，そのほかに利用料のような窓口負担を払わなければ医療サービスを購入できない制度になっている。これは医療の私保険に似ている。民間医療保険は，医療費の部分補償しかしない。日本の疾病保険は，この私保険と同じ方法を受け継いでいる。

この私保険的な日本の疾病保険では医療を受けられない貧しい人々は，生活保護制度による医療扶助を受けることとされているが，彼らからも介護保険料を徴収するという形を採るために，65歳以上の保護受給者については生活扶助に介護保険料を上乗せ支給している。

日本の疾病保険の代表的な構造的な欠陥は，後述のように顕著な分断・差別・格差があること，社会的扶養性，とりわけ公費負担の少ないこと，したがって応益利用者負担があることであり，保険料と利用者負担が逆進的であることである。

私などが押し込まれている後期高齢者医療制度の保険料も利用料も恐ろしく逆進的で，老人虐待的である。私などは，現役の時期の収入の半分以下の公的年金しかないのに，医療費は現役並みに3割負担とされ，介護保険料は2割負担とされている。

疾病保険でも高率の応益利用者負担がある。それでも長期療養を要する大病をすれば，この疾病保険では到底支出を賄えないので，私保険に依る準備を強いられる仕組みである。

それゆえ，日本などの疾病保険の仕組みは，その高負担，低給付によって私保険を援助し，保険会社の高利益を保障し，保険資本天国を支えているのである。

NHSにおける現物サービス支給では，こんなことはなかった。もちろん，国が医療費を必要充分に保障すれば，かなり解決する問題である。しかし，「医者代」は個人的に払わなければならないという，江戸時代からの社会通念＝パラダイムと慣習をなくさなければ，社会保障は整備されないことを銘記すべきである。

ちなみに，日本は，医療費だけでなく，社会保障費と公教育費が大きな比重を占める公的社会支出の対GDP比率が低いことが，その低福祉国家ぶりを示している。高木郁郎は，OECDのSociety at Glance—OECD Social Indicators, 2005の翻訳書（明石書店，2006年）の監訳者コメントにおいて，日本の国際的位置について，日本の社会はアメリカ合衆国といちじるしく類似している側面があることがわかる。……相対的貧困率の高さに於いて，日本はアメリカ合衆国と並んでOECD諸国のなかでトップグループに属するほか，GDP（国内総生産）に占める比率でみた公的社会支出も，アメリカ合衆国と並んで，この点もトルコ，メキシコといった1人当たりGDPが相対的に低水準の国々とともに，OECD諸国のなかでもっとも低いグループに属していた（106頁）」と述べている。日本は，代表的な低「福祉国家」なのである。

こうしてみると，私が1982年3月末に渡英し，7～8月に癌の手術等の医療をNHSの大病院で全く無料で受けたことは，大変，感銘深い体験であった[1)]。国民保健医療サービス，つまりNHSによる窓口負担無料での医療サービスの給付は，最良の医療保障であると考えられる。ただし，すでにその年の9月から短期滞在の外国人は，有料とされていた。

もっともイギリスの入国審査は厳しく，貯蓄証明書の提出まで求められた。安定収入があり，貯金があり，不法就労せずに税金を払えることの証明を求められたのである。こうして住民登録をすると国籍を問わず，窓口負担なしに医療を保障されたのである。ネオ自由主義者の「鉄の女」サッチャー首相は，このパラダイムと制度が社会主義的であるとしてつぶしにかかり，国民の反発にあってNHSの大枠を残しながら，内部市場化と言われる部分的な民営化を導入し，予算を大幅に削減して兵糧攻めにし，NHSの医療を極度に疲弊させた。彼女の長期政権が終焉した後の1997年に登場したブレア労働党政府が，大幅な医療予算の増額による医療復興政策を進めることになる。ただし，彼の場合も「内部市場化」は受け継いだ[2)]。

とにかく税方式によるこのNHS方式は，貧者に対する慈善及び救貧医療の無料診療を民主化し，一般化したものである。

面白いかもしれないので，参考までにこの体験記を総合社会福祉研究所発行の『福祉のひろば』（2018年12月号の58～61頁）から転載しておこう。

「私は，（4冊も上梓したほどの）過労のせいで40代の後半期に消耗しきっていた。それでも49歳まで可能であった文部省派遣長期海外研修にようやくありつけたので，（年来のイギリス労働史を研究するために）1982年3月に訪英した。当時，ウォリック大学社会史研究センターに在籍しておられたロイドン・ハリソン教授に指導をお願いした。4月には大学から借りたかなり立派な家に家族全員が揃った。社会史研究センターの教員も秘書も外国人の扱いに慣れており，親切に身の周りの世話まで気をくばってくれた。

しかし，間もなく私は悪性リンパ腫を発病した。食後に繰り返し床を這いまわるほどの激痛に見舞われ，結局，大学内のヘルスセンター経由で当地のNHS病院に入院し手術を受けることになる。当時，すでにNHSの機能不全，膨大な待機患者について報じられていたが，私の場合の扱いは速かった。日本なら検査のために3週間かかるのに，入院の3日後には手術を受けることができた。週末に入院して翌週の月曜日に手術という速さであった。

手術後，体内に管が埋め込まれたまますぐに清拭のために体を転がされたことや，3日後には2人の看護師に抱えられて入浴し全身を洗われたことなどが驚きだった。1週間はナースステーションの隣の個室に置かれたが，抜糸されると大きな4人部屋に移された。私のベッドは窓際にあり，隣にはインドの名誉教授がおり，ともに英国で医師職についている息子と娘がかわるがわる見舞いに来ていた。英国人らしいのは1人だけで，もう1人はロシア系の人だった。とにかく入院期間は短く，ベッドの回転は速く，すぐ空きベッドができた。病院での医師たちの巡回では私を診た専門医がおり，傷跡を診ながら，「手術はうまくいったよ」という意味のことばをかけてくれた。

たしかに，腹部のへそから背中にかけて横一文字に30センチほど切開した手術そのものはうまくいったようで，術後に腸ねん転や腸閉塞などのトラブルも起きなかった。術後に早くから点滴しながら廊下を歩かされ，食事は食堂に集まって会食した。足が弱い患者には2人の看護師が付き添い，「頑張らないと家に帰れないよ」と声を掛けながら抱えるようにして食堂に集めていた。食堂内での患者たちの中に牢名主のようなおばさんがいて，「あなたはここにお座り」と席を割り振り，私を隣に座らせると，「あなたの英語は息子よりいいよ」などとお世辞を言ったりしていた。

とうぜん，看護師の人手はかかり，実習生を含め人手が多かった。看護師は見習いから上級看護師までの階級制があり，上級看護師は就寝前に下級の人とともに巡回し，「加減はどうか」,「痛まないか」,「眠れるか」などと，一人ひとりに尋ね，容態に応じて睡眠薬や鎮痛剤などを配っていた。つまり英国では日本と違い，医療行為の一部を上級看護師がやれるようにしていたようなのである。

しかし，少なくとも一般看護師その他のNHSの現場スタッフは低賃金に怒り，ストライキを伴う全国交渉を繰り広げていた。NHSに働く人は，100万人を超えていたのだから，サッチャーはこれを目の敵にしたが，民営化にたいする反対が強いため正面突破は出来ず，リネンの洗濯などの付帯分野を民間に外注させる政策を採り，パートタイマーを増やしていた。その中に日本出身の女性もおり，大変お世話になった。

妻は車を運転して毎日病院に来てくれた。家族には苦労をかけた。妻が帰ったあと就寝する10時くらいまでの暮れなずむ時空がさびしかった。「せっかくの機会なので，治療しながら滞在できないものだろうかと医師に尋ねても，彼らはそれを薦めなかった。18日間の入院のあと2週間おきに2回受けた泊りがけの抗がん剤の投与によって，とくに神経がやられ，その副作用に苦しみ，家族にもつらい思いをさせた。「これでは帰国するしかない」と覚悟し，歩行訓練を中心にリハビリに努めた。

ケネルワース・ストリート沿いの住んだ家がよかった。古城で名高いケネルワースに向かう二車線の車道の両側に芝生のレーンを間において徒歩一時間ほどの歩道が続き，それに覆いかぶさるように50メートルほどの幅のうっそうと茂る19世紀半ばからの林が続いていた。その林を背にして家があった。自動車の騒音が林で消され，静かだった。電線等は地下ケーブルに埋め込まれて見えない。先に住んだ人の中には日本でも名高い人々もおり，彼らも使った書斎が立派だった。そして芝生の庭が南向きに広がっていた。

リスが軒先に来てコツコツと餌をねだり，庭でリスが小鳥と遊ぶ様子が見られた。絵本の風景が現実にあった。北国の夏場であるから10時頃まで太陽が中空にぶら下がり，暑気が消え，暮れなずんだ。入院中はこれが苦手だったのに，退院後は療養の慰めになった。英国での短いが忘れがたい夏の家族生活で，今では夢幻のようである。

この1982年にはサッチャリズムが猛威を振るい，リストラと行革・民営化で失業者が300万人を超え，そのために解雇と賃下げに反対する労組の闘争力がそがれた。とうぜん「鉄の女」の人気が落ちかかったのであるが，彼女は戦争女でチリ共和国を相手にフオークランド戦争を決行し，愛国主義の熱狂を掻き立てて人気の挽回に成功する。新聞もテレビも戦争一色に染め上げられ，軍用機が頻繁に爆音を響かせて上空を飛んだ。大英帝国主義の羽ばたきであった。」

戦争を禁止している日本国憲法は，実に貴重なのである。

前述のように医療の社会化のもう一方の系譜は，疾病保険である。任意制医療保険は，まず一方では共済組合による医療共済として，他方では保険会社による生命保険に付随する商品として興り，やがて独占資本主義化のもとで保険資本は巨大化して金融資本となる。しかし，これらの私保険等は，保険料が高くて低賃金労働者大衆は加入しにくい。そしてその給付も費用の部分補償であって医療保障保険としては大きな制約をもつ。そこでこれらの制約をのりこえるべく疾病保険が台頭する。この疾病保険制度は，強制加入制を採って被保険者の保険料の拠出に使用者および国家の社会的扶養費負担を加えて管理・運営される。それは，ドイツの官僚主義的なビスマルク社会保険を先駆けとし，20世紀の独占資本主義段階において各国に広がった。これらはあくまでも被保険者の「自立・自助」原則を前提的な建前にして，社会保険では「保険主義」として自助的な保険料拠出義務を組み込み，それに「社会的扶養」を加えてその不足分を最低限補うものとされる。第2次大戦後になると，社会保障としての疾病保険として社会的扶養分が拡大されるのである。

一方，公的介護保険化は，もっと後のグローバル独占資本本位のネオ自由主義化によるもので，日本の場合は行政措置としての介護給付を廃止して別建ての保険にすることによって公費負担の相当部分を保険料と利用者自己負担に転嫁する追加的収奪とし，消費税の新設・増税の口実にし，介護供給事業の営利的産業化を図る改編以外の何ものでもなかった。ドイツでは，医療保険でも介護保険でも社会保険には応益利用者負担がないのに，日本では介護保険においても，医療保険をまねて保険料の拠出のほかに応益利用者負担を課している。もしも社会保険化だけを図るのであれば，介護給付をも包括する保健医療保険によっても賄えるものである。しかし，医療は命と直結するケアなので混合医療化も営利民営産業化も容易でない。医療に比べれば介護提供業務の営利事業化は容易であり，しかももっとも所得に逆進的で財界が熱望した消費税の導入の口実にしやすかった。そこで介護サービスだけを切り離して営利民営化し，その費用の相当部分を保険料でまかなうものとしたのである。もっとも，介護業務の市場民営化は，そこに資金と労働力を誘導する成果を上げることが出来た。

介護サービスは，本来，個別的，選別的なケアサービスなので，もともと公費による行政措置としての「社会福祉」サービスであった。看護も介護も家族的ケアに発してそれに社会的ケアが上乗せされたものであったが，医療ケアが先行して専門化されたのに対し，介護の方が家族ケアへの依存度が高く専門化と社会化が遅れたために，社会的な介護においても社会事業的性格が強かったのである。しかし，2000年以降に介護保険制度が実施されることによって，社会保障としての医療保険と介護保険の性格のちがい，つまり普遍的な医療保険給付と選別的な介護保険給付との違いが見えにくくされた。つまりどちらも公益的な社会サービスでありながら，ネオ自由主義化政策によって介護ケアの営利民営産業化が先行させられ，それに社会保障「構造改革」を先導させて社会保障全体の「構造改革」，つまり規制緩和と民営化が推進された。疾病保険に於いてさえ，政府管掌保険が「協会けんぽ」に民営化された。

公的年金管理の「年金機構」による民営化も行われた。いずれも社会保険の管理まで民営化するもので，社会保障のいわば天守閣まで民間に明け渡し，国家責任を放棄してきたのである。

別建ての社会保険化にはなじまなかった介護サービスの無理な保険化の矛盾が激化して財政危機をつのらせ，被保険者の負担を累増させ，とくに高齢者の貧困と格差を拡大させている。医療サービスもそうなのであるが，それ以上に本来社会福祉であった介護サービスは，やがては公費による現物給付に変えられなければならないはずである。

しかし，当面はまず，これらの日本型社会サービス保険の改革が喫緊の課題である。まず，本来の社会保険らしく保険料を拠出していれば応益利用者負担などを払わずに医療を受けられ，社会的介護を受けられるようにすることである。その次は，やはり国庫負担を増やして保険料の減免を強め，生存権保障的な社会保険に変えることである。

1）西岡幸康著『現代日本医療政策論』（労働旬報社，1985年）序章，第1～3章参照。
2）伊藤善典著『ブレア政権の医療福祉改革』（ミネルヴァ書房，2006年）参照。

## 第2節　分断・差別的な日本社会保険の改革の必要性

日本の社会保険制度は，歴史的に用途別，官民別，企業別，職業身分別につぎはぎに形成された[1)]という事情もあるが，その社会保険の分断・差別は，労働者・国民の分断と差別による管理と支配の手段とされてきた。イギリスが全社会保険を「国民保険法」（National Insurance Act）制度に包括しているのと対照的である。

日本の疾病保険制度は，国民皆保険を支える国民健康保険（これには市町村国保と国保組合国保とがある）と被用者の疾病保険があり，後者には主に大企業対象の健康保険組合健保と，主に中小企業を対象とするかつての政府管掌健保を民営化した「協会けんぽ」と，官公の共済組合の健保に寸断されている。しかも，そのほかに旧国保のうち75歳以上の高齢者を切り離してつくった後期高齢者医療制度が2008年から行われている。

日本社会保険の差別・分断の不合理性は，とくに国民健康保険制度においてきわだっている。戦前の国民健康保険制度は，戦時下の1938年に軍部による「健兵健民政策」に主導されて制定されたのであるが，元々は農村の農民たちの医療欠乏対策として準備され，思想・治安対策の政策意図も盛られ，市町村別の「隣保相扶」主義を内容とする日本的な社会保険として構想されたものであった[2)]。

1945年の敗戦とともに，疾病保険は，いったん実質的に瓦解した。その後50年代半ばから日本経済は高度経済成長と新鋭重化学工業化の途を歩み，1960年の安保条約改定と三井三池炭鉱の合理化を巡る激突を頂点とする政治社会の不安をも背景とし，社会保障制度審議会の1956年の「医療保障制度に関する勧告」に促されて「国民皆保険」化の機運が高まり，そのための新「国民健康保険法」が1959年末に成立した。新国保法は，国保を国の団体委任事務に替え，1961年4月1日までに全市町村に国保事業を実施することを義務付けた。同法は，健保が未適用の5人未満の零細事業者の被用者を含め，すべての疾病未適用者を国保に加入させるものとし，給付率を一律最低5割（窓口負担も5割）と法定し，給付の範囲も期間も健康保険に合わせ，市町村が財政の充実とともに，漸次内容の向上を図ることができることとし，全国一律に最低2割の国庫負担金を交付するとし，健保と類似の指定医療機関制度に改め，1958年10月10日施行とされた。こうして1961年4月1日から「国民皆保険」が「皆年金」とともに開始された[3)]。

この国民皆保険を図った時に，疾病保険の統一を図るべきであったが，政府にその見識も能力もなく，そうはせずに，差別・分断的な疾病保険の旧体制に新制度を継ぎ木するものとした。その結果，膨大な数の大小の保険者を増設することになったので，社会保険の差別・分断を一層強めることになった。このことが疾病保険，とくに国民健康保険の財政危機を恒常化し，その保険料を差別的に高めるなどの諸矛盾を激化させることになった。

「法研」の雑誌『週刊社会保障』2936号は，この制度について以下のように説明していた。

「国民健康保険は，被用者保険の加入者を除き，原則として日本国内に住所を有する全ての者を加入対象者とする公的医療保険制度である。国民健康保険の保険者は，平成27年3月末時点で，全国で1716の市町村と,164の同種同業の国保組合によって構成されており，全国民の約3割に当たる約3300万人が加入し，国民皆保険の基礎としての役割を果たしている。

市町村国保は，年齢構成が高く，医療費水準が高いという構造的問題がある。加入者の平均年齢は，平成26年度に於いて，協会けんぽで36.7歳，健保組合で34.4歳であるのに対して，市町村国保では51.5歳となっている。その結果，加入者1人当たり医療費は，協会けんぽ16.7万円，健保組合14.9万円に対し，市町村国保は33.3万円となっている。

また，市町村国保の財政基盤に関する問題として，加入者の所得水準が低いということが挙げられる。加入者1人当たり平均所得は，協会けんぽ142万円，健保組合207万円に対して，市町村国保は86万円となっている。加えて，保険料収納率は，平成27年度は91.45％と，過去最低であった平成21年度の88．01％に比べると上昇してきているが，依然として他の保険者に比べ低い水準にある。

こうしたことから，市町村国保の財政状況は恒常的に赤字であり，平成27年度に於いて，決算補填等を目的とする一般会計繰入金（法定外）の約3000億円を収入から除いた単年度収支差引額は約2800億円の赤字となっており，赤字額は前年度から約300億円増加している。

さらに，市町村国保には，財政運営が不安定になるリスクが高い小規模保険者が存在するという課題もあり，保険者全体の約4分の1は3000人未満の小規模保険者である。1人当たり医療費や1人当たり所得等について，保険者間の格差も大きい。

このような市町村国保が抱える構造的な問題に対処するため，平成 27 年の法改正では，国保への財政支援を拡充（平成 27 年度から約 1700 億円，平成 29 年度以降は毎年約 3400 億円）するとともに平成 30 年度から都道府県が国保の責任主体となることとした。

新制度では，都道府県は，市町村ごとの医療費水準や所得水準等を考慮して納付金を決定し，他方，医療給付費に必要な費用は，都道府県が市町村に全額交付する。また，将来的な保険料負担の平準化を進めるため，都道府県は，市町村ごとの標準保険料率を提示する」こととした（12 ～ 13 頁）。

この説明では，おそらく政府官庁の意向を忖度して，国保の財政悪化の主因が政府の財政負担の削減にあったことが隠蔽され，また今年からの都道府県管理への移管も疾病保険への国庫負担を節約するための「構造改革」の路線に沿うものである[4)]ことも隠蔽されている。この市町村国保管理の都道府県化に先立って行われた政管健保の「協会けんぽ」への民営化と都道府県化も国営医療保障をリストラする「構造改革」の目玉であったことは，前厚生労働省保険局総務課長，栄畑潤がその標題さえまがまがしい著書『医療保障の構造改革』（法研）の 66 頁で，「民営化した上で都道府県単位の財政運営に移行する」と得々と書いていたことによっても裏付けられる。

国民健康保険のかかる構造的な諸矛盾は，この制度がわが国社会保険制度の分断・差別・格差を端的に担うことによっても生じているものであるから，根本的には，医療保険の全体的な包括的統一と国庫負担の抜本的な増大によって解決できるものであろう。これを戦略的な目標とすることを提案したい。

ただし，これは容易でないし，過渡的な準備期間も必要であり，短期的には達成できまい。そこでまず現行制度の枠内で差別による実害を緩和・解消する緊急の対策が必要になっている。

おりしも日本共産党は，2018 年 11 月 1 日付で国民健康保険政策「高すぎる国民健康保険料（税）を引き下げ，住民と医療保険制度を守ります」を発表した。守るべきは医療保障による住民の健康であって制度ではないという，あげあし取りと取られなくはない，あらずもがなかもしれないコメントをつけて紹介しよう。

「高すぎる国保料（税）が国保制度の構造的危機となり，医療保険制度としての持続性を揺るがしています。……全国どこでも，高すぎる国民健康保険料（税）に住民が悲鳴をあげています。滞納世帯は289万，全加入世帯の15％を超えています。無保険になったり，正規の保険証を取り上げられるなど，生活の困窮で医療機関の受診が遅れたために死亡した事例が，昨年1年間で63人（全日本民医連調査）にのぼるという，深刻な事態も起こっています。

高すぎる保険料（税）は，住民の暮らしを苦しめているだけでなく，国民健康保険制度の根幹を揺るがしています。全国知事会，全国市長会，全国町村会などの地方団体は，加入者の所得が低い国保が他の医療保険より保険料が高く，負担が限界になっていることを国保の「構造問題」であるとし，「国保を持続可能とする」ためには，「被用者保険との格差を縮小するような財政基盤の強化が必要」であると主張しています。日本医師会などの医療関係者も，国民健康保険制度を守るために，低所得者の保険料を引き下げ，保険証の取り上げをやめるよう求めています。

“所得は低いのに保険料は一番高い”この不公平をただすのは政治の責任です……国保加入者の平均保険料（1人当たり）は，政府の試算でも，中小企業労働者が加入する協会けんぽの1.3倍，大企業労働者が加入する組合健保の1.7倍という水準です。東京23区に住む給与年収400万円の4人世帯が，協会けんぽに加入した場合，保険料の本人負担分は年19.8万円ですが，同じ年収・家族構成の世帯が国保加入だと保険料は年42.6万円，実に2倍以上の格差が生じています。この25年間に，1人当たりの国保料（税）が6.5万円から9.4万円に引き上げられた結果です。しかも，同時期に，国保加入世帯の平均所得は276万円から138万円に半減しています。

国民の4人に1人が加入し，国民皆保険制度の重要な柱を担うべき国保が他の医療保険制度に比べて著しく不公平で，庶民にたいへん重い負担を強いる制度になっているのです。……以下の提案を行います。

1，高すぎる国保料（税）を「協会けんぽ」並に引き下げる
〈説明略〉
① 全国知事会なども強く要望している公費の投入で保険料（税）を引き下げます。
②「人頭税」と同じ「均等割」「平等割（世帯割）」を廃止し，国保料（税）を協会けんぽ並に引き下げていきます。
2，国による（常設の）保険料の免除制度をつくる
3，無慈悲な保険証取り上げや強権的な差し押さえをやめる
4，安倍政権による「国保都道府県化 」を利用したさらなる保険料値上げをゆるさない」

この限りでは至極当然の政策であって，私も当面の緊急提案として支持したい。とくに1の ② や3はぜひとも実現させたいものである。

分断・差別・格差の疾病保険の構造的な矛盾と危機が国保制度と後期高齢者医療制度にもっとも鋭く現れ，喫緊の課題を提起していることがよくわかる。この矛盾と危機に対しては，当面の課題を優先させつつ，同時に疾病保険の包括的な統一化か，その一歩手前の国保の全国一本化を検討し，さらに抜本的な国営医療保健サービス化をも戦略的な課題として検討すべきであろう，というのが本書の提案である。この点は，本書の本旨である医療と介護の民主的・包括的な社会化要求の1つの要点である。

1）拙著『日本社会保険の成立』（山川出版社，2003 年）参照。
2）同前書 ④ 参照。
3）拙著『医療費窓口負担と後期高齢者医療制度の全廃を』第 4 章参照。
4）横山寿一「医療制度改革の現局面と保険・財政の転換」（『経済』273 号，2018 年 6 月）参照。

# むすび

## 1　社会保障の民主的な包括的社会化をめざして

本書で読者と共に考えてみたかったことのひとつは，社会保障の中で人的なケアが給付保障の本体をなす社会サービスである医療と介護を中心にして，その社会的保障を社会保険方式で行うことの是非を考えることであった。資本制社会保険は，「自助」原則を貫徹させるための保険料拠出，つまり「保険主義」を採るとともに，それで不足する費用を国庫負担（と労働者保険であれば使用者負担）による「社会的扶養」によってまかなうものである。社会保障の発展は，社会的扶養の比重を高め，究極的には全額税負担（すなわち国庫負担）による直接給付に代えることと，かつてフランスで行われたように，被保険者代表を管理団体理事会の過半にして管理・運営を民主化することである。

もちろん，その前に疾病保険の改革が喫緊の課題である。とくに日本型社会保険では，応益利用者負担が課されるが，これは社会保険の本旨に悖る追加的収奪である。国庫負担を増やしてこの利用者負担の廃止に向けて引き下げることと，次いで保険料を軽減することが当面の優先課題である。

それにしても，疾病保険も公的年金保険も，それらの給付だけでは必要を満たせないように設計されており，私的保険への加入によって補わせるように仕組まれている。実際，当局は，介護保険を導入する前に保険会社に対し，この改革は彼らの事業を侵害しないどころか，かえって事業を支援するものであると弁明し，協力を要請したのであった。社会保障性が乏しい私保険的な社会保険がわが国の私的保険大国，保険資本の強蓄積の支えになっているのである。

社会保険は，必要十分な給付を保障せずに，私的保険によって補わせる考え方とやり方は，かの『ベヴァリジ報告』も提案し，その結果としてイギリスでは社会保険による最低生活保障に失敗したのである。

こうしてみると，日本型社会保険は，応益利用者負担をはじめとして，その仕組みが原理・原則的に社会保障的な社会保険に反するものであるのでその是正が優先課題である。この日本型には,もうひとつ分断,差別性による許容できない格差と貧困をもたらしているという大問題がある。これこそ構造問題なので，究極的には国営医療保健サービスへの変革に向かって，医療保障の民主的な包括的社会化の階段を登りながら解決を図らなければならないであろう。

いずれにせよ，医療も介護も窓口で金を払わなければ買えない方式をやめるのでなければ，生活保障としての社会保障の名に値しないと言わざるを得ない。

## 2　社会保障労働と労働運動の発展をねがって

これを執筆する中で懸念したことのひとつは，ネオ自由主義が誇張してやまない「自立・自助」のイデオロギーを批判するあまり，資本主義とその思想の果たした近代化と民主化への影響まで全面否定し，その歴史的役割を過小評価したのではなかったか，ということであり，この否定的な契機のなかにある発達の契機を過小評価したのではなかったか,ということであった。結論的に言えば,「自立・自助」は人格の独立と自発的努力をうながす側面があるということも，資本と国家から独立した自主的な労働運動を促す契機にもなり得るということである。それは，疎外された労働と生活の社会化のもとでも民主的で自発的な社会化としての協同と団結·連帯をつうじてなされうるということである。「自立・自助」と「社会化」の二面性のうちの積極面を最大限活用することである。

イギリス労働組合運動史は，歴史的な事実として，19 世紀のイギリスにおいて，スティグマが苛酷で懲罰的な救貧受給を避けたいという労働者たちの欲求を組織して資本と国家から独立したニューモデルという自主的な労働組合運動を成立させたことを教えている。現代の日本でも生活保護を受けないで暮らせる法定最低賃金を獲得して最低生活を確保しようとする欲求を組織化することが課題となっている。

いうまでもなく人間的な尊厳を守って生活できる最低賃金と社会保障，とくに生活保護基準と最低生活保障年金を実現することは，生存権保障義務を負う国家，とくに政府の義務である。日本の労働運動と社会保障運動は，これを統一要求としてたたかいを進めることが優先課題である。この統一要求に疾病保険と介護保険の応益利用者保険の廃止を加えることを提案したい。一般商品と同じように所持金がなければ社会サービスを購買し利用できない日本の現状は，社会保険の根本原則に反し，ときに生存をも危うくしているからである。また，とくに介護保険料と医療保険料の負担が高齢者の貧困と格差を拡大している中で，この実害を緩和するためにも必要なことである。

資料１

### ○大河内一男の社会政策論

社会政策は，資本制経済機構によって必然とせられるところの，経済の順当な成長＝拡大再生産のために不可欠の生産要素として労働力の順当な保全と配置のための経済政策である。階級闘争は，必須の契機ではない。

基本文献：

『社会政策の基本問題　増補版』（日本評論社，1944 年）。

『社会政策（総論）』（有斐閣，1996 年）。

### ○服部英太郎の大河内理論批判

戦時体制下に形成された大河内理論は，抽象的にはマルクスが『資本論』中の工場立法論において提示した経済機構的契機のみを借用したものであって，その階級闘争的契機を放棄し，否認するものである。

その歴史的役割＝イデオロギー的性格は，国家独占資本主義的な「社会政策の生産力説」である。

文献：

「社会政策の生産力説への一批判」，初出『経済評論』（日本評論社，1949 年２，３，４月号。）

『服部英太郎著作集　第５巻』（未来社，1966 年）の「序説」として再録。

資料2　わが国の社会保障制度の形

| | | |
|---|---|---|
| 社会保険 | | 年金保険制度<br>｛国民年金法<br>　厚生年金法<br>　共済組合法<br><br>医療保険制度 ｛国民健康保険法<br>　健康保険法<br>　共済組合法<br>　高齢者医療確保法<br>介護保険制度<br>＼介護保険法（機能的には社会福祉）<br>雇用保険制度<br>＼雇用保険法<br>労災保険制度 —— 労働者災害補償保険法 |
| 社会福祉<br>（or 社会扶助） | 扶助と手当 | ○生活保護法による公的扶助<br>○｛児童手当法<br>　児童扶養手当法｝による手当給付 |
| | サービス給付及びその費用弁償 | ○児童福祉法<br>○｛障害者総合支援法<br>　身体障害者福祉法<br>　知的障害者福祉法<br>　精神保健福祉法<br>○老人福祉法，介護保険法<br>○母子及び父子並びに寡婦福祉法 |

## 資料 3　わが国の社会保障制度史の略年表

| | | |
|---|---|---|
| 1874 年 | 7 月 19 日 | 太政官「恤救規則」を布達。 |
| 1911 年 | 3 月 29 日 | 「工場法」制定。 |
| 1922 年 | 4 月 25 日 | 「健康保険法」成立（1927 年 同法施行）。 |
| 1929 年 | 4 月 2 日 | 「救護法」成立（1932～46 年 施行）。 |
| 1938 年 | 4 月 1 日 | 「国民健康保険法」公布（11 月 1 日 施行）。 |
| 1939 年 | 4 月 6 日 | 「職員健康保険法」公布（1940 年 施行），「船員保険法」公布。 |
| 1941 年 | 3 月 11 日 | 「労働者年金保険法」公布。 |
| 1942 年 | 2 月 21 日 | 国民健康保険法を皆保険化のために大改正。 |
| 1946 年 | 10 月 1 日 | 旧「生活保護法」施行。 |
| 1947 年 | 4 月 7 日 | 労働基準法，労働者災害補償保険法公布。 |
| | 7 月 1 日 | 健康保険から労災を除く法改正。 |
| 1948 年 | 6 月 30 日 | 「国民健康保険法一部改正法」公布（7 月 1 日 施行）。<br>市町村公営・強制加入化，世帯員も被保険者化。 |
| | 6 月 30 日 | 「国家公務員共済組合法」公布。 |
| | 7 月 10 日 | 「社会保険診療報酬支払い基金法」公布。 |
| | 7 月 30 日 | 「医療法」公布（10 月 27 日 施行）。 |
| | 12 月 1 日 | 「失業保険法」公布（11 月 施行）。 |
| 1950 年 | 5 月 1 日 | 新「生活保護法」公布，即施行。 |
| | 10 月 16 日 | 制度審「社会保障制度に関する報告」。 |
| 1953 年 | 7 月 | 「日産労働者健康保険法」制定。 |
| | 8 月 | 「私立学校教職員共済組合法」制定。 |
| 1956 年 | 11 月 8 日 | 制度審「医療保障制度に関する勧告」。 |
| 1958 年 | 12 月 27 日 | 新たな「国民健康保険法」公布。 |
| 1959 年 | 4 月 | 「国民健康法」制定。 |
| 1961 年 | 4 月 11 日 | 「国民皆保険皆年金」体制の施行。 |
| 1963 年 | 7 月 11 日 | 「老人福祉法」公布。 |
| 1964 年 | 7 月 1 日 | 「母子福祉法」公布。 |
| 1970 年 | 5 月 21 日 | 「障害者基本法」制定。 |
| 1971 年 | 5 月 21 日 | 「児童手当法」公布（1972 年 1 月 1 日 施行）。 |
| 1972 年 | 6 月 23 日 | 「老人福祉法」改定（老人医療費支給制度創設，70 歳以上無料 |

| | | |
|---|---|---|
| | | 化）（73年1月1日 開始）。 |
| 1973年 | | 9月26日の健康保険法の大改正と厚生年金保険奉納改正により国民皆年金皆保険化。 |
| 1982年 | 8月17日 | 「老人保健法」成立・公布（翌年2月1日 施行）。 |
| 1984年 | 8月 | 健保法改正（本人2割給付へ）。 |
| 1990年 | 6月29日 | 福祉八法改正。 |
| 1997年 | 12月 | 「介護保険法」公布（2000年4月1日 施行）。 |
| 2006年 | 6月14日 | 「健康保険制度の一部改正法」成立。 |
| 2012年 | | 「社会保障・税一体改革法」<br>「社会保障制度改革推進法」 制定・施行。 |

# 執筆者略歴

相 澤 與 一（あいざわ よいち）

1933年山形県生まれ。東北大学大学院経済学研究科経済学博士取得により修了。現在，福島大学名誉教授。

著書に

『国家独占資本主義と社会政策』未来社，1974年。

『現代最低賃金制論』労働旬報社，1975年。

『イギリスの労資関係と国家』未来社，1978年。

『現代社会と労働＝社会運動――労働の社会化と現代的貧困化』労働旬報社，1979年。

『社会保障の基本問題』未来社，1991年。

『社会保険の保険主義化と「公的介護保険」あけび書房，1996年。

『日本社会保険の成立』山川出版社，2003年。

『障害者とその家族が自立するとき』創風社，2007年。

『医療費窓口負担と後期高齢者医療制度の全廃を』創風社，2010年。

『日本社会政策の形成と展開』新日本出版社，2016年。

ほか。

社会保障のルネッサンス――医療と介護の民主的な包括的社会化を――

2019年2月28日 第1版第1刷印刷
2019年3月5日 第1版第1刷発行

著 者 相 澤 與 一
発行者 千 田 顯 史

〒113－0033 東京都文京区本郷4丁目17－2

発行所 (株)創風社 電話（03）3818―4161 FAX（03）3818―4173
振替 00120―1―129648
http://www.soufusha.co.jp

落丁本・乱丁本はおとりかえいたします 印刷・製本 協友印刷

ISBN978―4―88352―254―5